生活世界视域下的民俗传承

胡少明 ◎ 著

陕西新华出版
陕西人民出版社

陕西省社科基金项目
《民俗的教育意蕴：发生机制与路径选择——以陕西关中西府民俗为例》
（立项号：2019Q017）成果

自序

教育的本质直指人性与人心，其以制度化方式与非制度化方式，引导我们每一个人趋善近美求真。其中，制度化方式即学校教育。学校教育凭借"固定场所、专职教育者、明确教育目的、体系化课程、既定修业年限和以考试为核心手段的教育评价方式"等系列特质，而成为教育者与被教育者比较收益约束下的理性选择。余从事学校教育近三十载，亦是以此为念，视学校教育的课程与教材为圭臬，努力去做学生与家长满意的教师。每每节日收到远方学生的问候，颇为自满与意得。

然余欣喜之余，学生们在《教育学》课堂上的种种疑问始终萦绕于心，困惑不已，难以释怀。尽管当时极为认真地答了疑、解了惑，但从学生勉强的表情中，余深知学生在给面子，不忍置余至难堪。

背着书包高高兴兴上学堂，是我小时候上幼儿园的事情；为什么上了小学之后就不那么快乐了？

孩子一定要上学吗？

学校和老师真的是为我们好吗？

学校和老师教给我们的东西真的有用吗？

……

一个个的疑问，一次次的认真与难堪，不断促使余调整思路，溯本起源，做回头即岸式地反思。蓦然回首，灯火阑珊处。教育即生活，学校即社会。原来，我们执着于制度化的学校教育，疏远甚至忘却了非制度化的教育——社会与生活。学校与社会、教育与生活被分割为并行不悖，但无甚太多交集的两个世界，学生的烦恼与疑问由此而生。社会教育与生活教育的形式多样，内容丰富，除却一般意义上的生存共性之外，民俗无疑是最具社会与生活浓浓气息、体现"我之为人"与"我的世界"的真实载体。在这个意义上，民俗亦即社会与生活。正如人类学家卡西尔所言："人不可能过着他的生活而不表达他的生活。"

　　士不可以不弘毅，任重而道远。自此，余便以诸般方式有意识地将社会教育和生活教育，融入其后的课堂教学过程当中，以期在制度化教育与非制度化教育之间寻求合理的平衡，从而为学生的圆满人生做些许努力。教学相长，余亦获益匪浅。

胡少明
辛丑年庚寅月于宝大馨园

目录

第一章　民俗 …… 001
第一节　民俗的内涵 …… 002
一、民俗的界定 …… 002
二、民俗特征 …… 003
三、民俗的分类 …… 006
第二节　民俗溯源 …… 007
一、自然环境 …… 007
二、政治制度 …… 008
三、经济发展 …… 008
四、宗教信仰 …… 009
五、语言体系 …… 009
六、文化交流 …… 010
第三节　民俗的教化意蕴 …… 011
一、民俗的教化目标 …… 011
二、民俗的教化方式 …… 012
三、民俗的教化者与被教化者 …… 012
四、民俗的教化内容 …… 012
五、民俗的教化评价 …… 013

第二章　满月 ···················· 014
第一节　满月的源起 ···················· 014
一、满月的界定 ···················· 014
二、满月的源起 ···················· 015
第二节　"满月"的构成 ···················· 016
一、取名 ···················· 016
二、拜天祭祖 ···················· 019
三、报喜 ···················· 020
四、洗三朝 ···················· 021
五、剃满月头 ···················· 022
六、移巢 ···················· 023
七、认干亲 ···················· 024
八、满月酒 ···················· 025
第三节　满月的教化意蕴 ···················· 026
一、"自家人"独处阶段 ···················· 027
二、"自家人与外家人"共处阶段 ···················· 032

第三章　婚姻与婚仪 ···················· 036
第一节　婚姻概述 ···················· 036
一、婚姻的界定 ···················· 036
二、婚姻的本质 ···················· 039
三、婚姻的形式 ···················· 041
第二节　婚仪 ···················· 049
一、婚仪的界定 ···················· 049
二、婚仪的本质 ···················· 049
三、婚仪的特征 ···················· 050

第三节　传统婚仪的构成与教化 ………………………… 053
一、纳采 ……………………………………………………… 054
二、问名 ……………………………………………………… 058
三、纳吉 ……………………………………………………… 063
四、纳征 ……………………………………………………… 065
五、请期 ……………………………………………………… 065
六、亲迎 ……………………………………………………… 065

第四章　传统婚仪的时代演变与教化 ………………… 067
第一节　相亲 ……………………………………………… 068
一、相亲的界定 ……………………………………………… 068
二、相亲的特点 ……………………………………………… 069
第二节　定亲 ……………………………………………… 079
一、定亲的界定 ……………………………………………… 079
二、定亲的特点 ……………………………………………… 080
第三节　成亲 ……………………………………………… 083
一、成亲的界定 ……………………………………………… 083
二、成亲的特点 ……………………………………………… 083

第五章　庙会 ………………………………………………… 088
第一节　庙会概述 ………………………………………… 088
一、庙会的界定 ……………………………………………… 088
二、庙会的基本要素 ………………………………………… 098
三、庙会的功能 ……………………………………………… 105
第二节　庙会的教化意蕴 ………………………………… 112
一、宗教弘法——尊重生命，积德行善 ………………… 113

二、文化传播——民族之本，本固邦兴 …………………… 114
　　三、商贸往来——童叟无欺，诚实守信 …………………… 116
　　四、休闲娱乐——舒展人性，感悟生命 …………………… 117
　　五、社会救济——人际互助，自利利他 …………………… 119
　　六、情感联络——恪守人伦，敦和亲情 …………………… 120
　　七、姻亲促合——一缘一会，成人之美 …………………… 121

第六章　遗嘱 ……………………………………………………… 123
第一节　遗嘱概述 ……………………………………………… 123
　　一、遗嘱的教育学界定 …………………………………… 123
　　二、遗嘱的教化特点 ……………………………………… 124
第二节　遗嘱教化意蕴的发生过程 …………………………… 125
　　一、棒喝警醒 ……………………………………………… 126
　　二、反躬自问 ……………………………………………… 126
　　三、求索人生 ……………………………………………… 127
第三节　遗嘱教化意蕴有效发挥的基本条件 ………………… 128
　　一、遗嘱人的德行 ………………………………………… 128
　　二、遗嘱内容执行的完全性 ……………………………… 128
　　三、继承人的自觉认同度 ………………………………… 130

第七章　葬礼 ……………………………………………………… 132
第一节　葬礼概述 ……………………………………………… 133
　　一、葬礼的界定 …………………………………………… 133
　　二、葬礼的特征 …………………………………………… 134
第二节　葬礼的教化意蕴 ……………………………………… 142
　　一、入土前的不安 ………………………………………… 142

二、入土前不安的礼俗应对 ………………………………… 145
三、入土后的安然复归 ……………………………………… 152

第八章　家谱 ……………………………………………………… 157
　第一节　家谱概述 ……………………………………………… 157
　　一、家谱的界定 ……………………………………………… 157
　　二、家谱的分类 ……………………………………………… 161
　　三、家谱的构成 ……………………………………………… 162
　　四、欧阳修《欧阳氏谱图》与苏洵《苏氏族谱》 ……… 166
　第二节　家谱的教化意蕴 ……………………………………… 169
　　一、家谱的教育学界定 ……………………………………… 169
　　二、家谱教化意蕴的生成过程 ……………………………… 173
　　三、家谱教化功能的承继 …………………………………… 175

参考文献 …………………………………………………………… 179
后记 ………………………………………………………………… 190

第一章 民俗

民俗是一个民族在长期的社会生产生活实践中，所形成的蕴含本民族特有世界观、人生观和价值观的文化体系，凝聚着人们对美好生活的追求与向往，是民族文化中最具活力、最富生机，也最为璀璨的部分。"民俗（folklore）来得很早，但却一直与我们待在一起。"[①]"（我们）人不可能过着他的生活而不表达他的生活，这种不同的表达形式构成了一个新的领域。"[②]"一个人生下来，就生活在民俗中，像鱼儿生活在水里一样，经营着社会生活的人们，无时无刻不泡在广泛的各类民俗文化之中。他们从日常必需的衣、食、住、行，从他们置身其中的家庭、村镇、城市和有关的各种团体、机构，从他们所参与和接触的信仰、说唱活动到日常会话，无不存在着民俗文化。……对于一个民族乃至一个国家而言，民俗文化渗透到了人们日常生活的方方面面，就像人们每天都要呼吸的新鲜空气一样，无处不有。"[③]因此，不了解一个民族的民俗，就不可能了解这个民族。

关于民俗的形成，班固在《汉书·地理志下》中写道："凡民函五常之性，而其刚柔缓急，音声不同，系水土之风气，故谓之风；好恶取舍，动静亡常，随君上之情欲，故谓之俗。"班固所言"风俗"，显然不是《说文解

---

① [美] 西蒙·布朗纳（Simon J.Bronner），龙晓添译：《民俗和民间生活研究中的实践理论》，《民间文化论坛》2019年第4期。
② [德] 恩斯特·卡西尔：《人论》，上海译文出版社1985年版，第283页。
③ 何小青：《乡村民俗文化的嬗变与价值构建》，《云南行政学院学报》2016年第4期。

字》古语的本义解读，而是风俗的两个宏观层面成因：第一，自然环境的影响——"系水土之风气"。第二，社会环境的影响——"随君上之情欲"[①]。

第一节 民俗的内涵

一、民俗的界定

在《说文解字》中，"民"者，众萌也；"俗"者，习也。"民"与"俗"合并成为复合词"民俗"，在我国古汉语文献中最早见于《礼记·缁衣第三十三》。"故君民者，章好以示民俗，慎恶以御民之淫，则民不惑矣。"《史记》《汉书》《管子》等古汉语著作也有类似表述。《史记·孙叔敖传》云："楚民俗，好痹车。"《汉书·董仲舒传》曰："变民风，化民俗。"《管子·正世》中有"料事务，察民俗"的语句表述。在日常生活语言的表达中，人们一般会将"民俗"与"风俗、民风、习俗与谣俗"视为同义语。

在国外，作为学术术语的"民俗"首先在英国出现，由英国民俗学会的创始人之一、考古学家汤姆斯（W.J.Thoms）于1846年用"Folk"（民众、民间）和"Lore"（知识、学问）两个词合成的，其本意是指"民众的知识"或"民间的智慧"。作为学科，其名称可以译为"关于民众知识的科学"，并以此代替先前的"民间古俗"（Popular Antiquities）和"贱民古俗"（Antiquities Vulgares）。1978年10月，在英国伦敦成立的世界上第一个民俗研究机构被命名为"民俗学会"（Folklore Society）。自此，Folklore作为学科术语才得到了国际上的公认，并沿用至今。

在学界的研究中，民俗的概念界定分歧较大，众说纷纭。综其所论，一般地主要有三个方面的"民俗"所指：一是时间上的"民俗"，"民俗"被建构为与"现代"相对应的"过去"，"民俗"被视为"过去"在"现代"

[①] 李泉、赵世瑜：《中国通史教程：古代卷》，山东大学出版社2004年版，第627页。

的"遗存"。如文化遗留物论、传统文化论等。二是空间上的"民俗","民俗"被建构为与"中心"相对应的"边缘"存在,"民俗"被视为社会底层或下层或边缘群体的生活空间,主要包括城镇的隐秘角落和乡村地区。如市井文化、村落遗风、乡土宗教等。三是文化上的"民俗","民俗"被视为主流生活文化之外的边缘地带,这个"民俗"需要居于主流生活文化圈的民众、理解、欣赏并进一步挖掘,从而确保"主流"与"边缘""雅民"与"俗众"的文化张力。如民间文学论、退化宗教论等。[①]

中国民俗学网将民俗界定为一个国家或民族中广大民众所创造、享用和传承的生活文化。它起源于人类社会群体生活的需要,在特定的民族、时代和地域中不断形成、扩大和演变,为民众的日常生活服务。在诸多学者的相关研究中,以巴兆祥(2006)的表述最具有代表性:民俗是在人类历史的发展过程中,一定的群体为适应生产实践和社会生活而逐渐形成的一种程式化的行为模式和生活惯制,以民族的群体为载体,以群体的心理结构为依据,表现在广泛而富有情趣的社会生产与生活领域的各个方面,是一种集体性的文化积淀,是人类物质文化与精神文化的一个最基本的组成部分。它创造于民间,传承于社会,并世代延续承袭。

二、民俗特征

(一)民俗特征的争论

民俗既是民族社会心理的表现形式,又是一种重要的文化现象,直接反映并影响着一个时代的民族精神和社会生活面貌,是民俗文化的重要组成部分。关于其特征的探讨,观点不一。

1. "二特征"论

如乌丙安(《中国民俗学》,辽宁大学出版社,1985年):(1)内

[①] 李向振:《当代民俗学学科危机的本质是什么?——兼谈实践民俗学的知识生产问题》,《民俗研究》2020年第6期。

部特征,包括:①民族的区别;②阶级的差异;③全人类的共通性。(2)外部特征,包括:①历史性;②地方性;③传承性;④变异性。

2. "三特征"论

如陈勤建(《中国民俗》,上海教育出版社,2008年):(1)不成文(法)的规矩;(2)程序化的规矩;(3)民众群体的规矩。

3. "四特征"论

如陶立璠(《民俗学概论》,中央民族学院出版社,1987年):(1)社会性与集体性;(2)类型性和模式性;(3)变异性;(4)传承性和播布性。

4. "五特征"论

如钟敬文(《民俗学概论》,上海文艺出版社,1998年):(1)集体性;(2)传承性与扩布性;(3)稳定性与变异性;(4)类型性;(5)规范性与服务性。

5. "七特征"论

如张紫晨(《中国民俗与民俗学》,浙江人民出版社,1985年):(1)民族性;(2)阶级性;(3)封建性;(4)原始性;(5)神秘性;(6)实用性;(7)地区性、传承性、融合性、变异性。

(二)民俗特征的共论

我们综其所论,结合《中国民俗辞典》(郑传寅、张健,1987)的研究,将民俗的特征梳理为四个基本方面:[1]

1. 传承性

"传承"即传授和继承,"传承一种民俗,就意味着该民俗的核心内容与形式在一定群体和地域世代相传,在相当长的历史时期内保持稳定不变"[2]。某一类型的民俗在流播过程中自始至终有相同、相似的内容,或有大致相同的形式。传承有形态与性质两大类别:形态传承指民俗活动方

---

[1] 郑传寅、张健:《中国民俗辞典》,湖北辞书出版社1987年版,第1页。
[2] 姜又春:《民俗传承论》,《青海民族研究》2012年第3期。

式等外在形态，性质传承指信仰等内在因素。习惯是民俗传承的重要纽带。这里需要指出的是民俗在其产生之初，一定具有一个可以理解的、与"需要"紧密相关的"意义"，而这个"需要"与"意义"又一定源于该特定族群的生产生活，但是在长期的传承流变过程中，这个原初的"需要"与"意义"极有可能被隐匿在"这个"而非"那个"民俗的各种仪轨当中。

2. 变异性

"变异性也是民俗文化的显著特征，它是指在民俗传承和扩布过程中引起的自发和渐进的变化。民俗是语言和行为传承的，这种方式决定了民俗在历时的和共时的传承过程中，不断适应周围环境而做出的相应变化。变异实际是民俗文化机能的自身调适，也是民俗文化生命力的所在。"[1]"周围环境"一般是指社会政治更替、经济发展、人事变化以及自然条件变迁等。所谓"移风易俗""除旧迎新""推陈出新"正是民俗变异性的形象概括。具体在实践当中，民俗的变异性主要体现在三个方面：一是民俗表现形式的变化；二是民俗性质的变化；三是民俗的消亡。通过对民俗的变异性探讨，可以梳理出特定族群的历史发展脉络或状态。

3. 地方性

地方性亦称"地理特征"或"乡土特征"，是民俗发展在空间上所显示的特征。每一民俗的形成、发展和消失均受一定的地域生产、生活条件和地缘关系的制约，因而或多或少总要染上地方色彩。故有"百里不同风，千里不同俗""百里而异习、千里而殊俗"的谚语。民俗的地方性使得"观风问俗"成为人们进入地方社会的首要要求，"入境而问禁""入国而问俗""入门而问讳"（《礼记·曲礼上》）。

4. 神秘性

民俗的神秘性源于远古"万物有灵"的原始观念，是人们试图在无垠广袤的世界当中，确认自我存在与安全需要的心理反应。其间更多融合了

---

[1] 钟敬文：《民俗学概论》，上海文艺出版社1998年版，第18页。

恐惧、祈求与期盼等心理。刘丽川（1990）认为民俗的神秘性主要表现在两个方面，一方面是特定行为民俗事象上，如在图腾崇拜、祖先崇拜等的仪式中或巫术活动时，所体现出的浓重神秘气氛。另一方面则是体现在人们进行某些民俗惯制时，所怀有的神秘心理。而这种神秘心理大致表现在两个方面，其一是在世代沿袭惯制中所形成的具有驱邪避凶、消灾禳福的某物崇拜和奉行唯谨的心理禁忌典则。①

三、民俗的分类

民俗以"生活"的方式，融入了社会实践的各个领域，不同的学者或学科从各自不同的角度对民俗进行了差异性划分，其基本涵盖了人由生而死的每一个阶段。较为常见的划分是四类：物质民俗、社会民俗、精神民俗和口承语言民俗。②

（一）物质民俗

主要包括服饰、饮食、起居、交通、生产、商贸民俗等。

（二）社会民俗

包括社交礼俗、社会组织民俗（如血缘组织、地缘组织、业缘组织等）、人生礼仪（如诞生礼、成年礼、婚礼、寿礼、丧葬礼等）、岁时节日习俗等。

（三）精神民俗

主要包括民间信仰（又分为原始宗教信仰和人为宗教信仰两大类，前者如自然崇拜、动物崇拜、图腾崇拜、祖先崇拜等；后者如道教、佛教、伊斯兰教、天主教和基督教等）。

（四）口承语言民俗

主要包括民俗语言和民间文艺。前者如民间俗语、谚语、谜语、歇后语、

---

① 刘丽川：《民俗学与民俗旅游》，同济大学出版社1990年版，第29—31页。
② 舒燕：《中国民俗》，北京语言文化大学出版社2002年版，第4—5页。

街头流行语；后者如民间神话、史诗、传说、故事、歌谣、说唱、小戏等。

此外，还有其他类型的划分，如经济的民俗、社会的民俗、信仰的民俗和游艺的民俗。《中国民俗辞典》将其划分为10种类型：生养婚娶、饮食起居、服饰冠履、往来应答、信仰崇拜、岁时节令、游艺竞技、民间工艺、占卜禁忌和丧葬祭祀。中国民俗学网将其划分为八个方面的内容：生产劳动民俗、日常生活民俗、社会组织民俗、岁时节日民俗、人生礼仪、游艺民俗、民间观念和民间文学。其中，每类民俗里面又各自包括不同的具体组成，如生产劳动民俗就包括：农业民俗、牧业民俗、渔业民俗、林业民俗、养殖民俗、手工业民俗、服务业民俗和江湖习俗。①

第二节　民俗溯源

世界每一个民族的民俗形成都是特定地理文化区域内社会历史发展阶段的现实产物，尽管其产生的原因极为复杂，但无非限于自然环境与社会环境两个方面。正如班固在《汉书·地理志下》中所言：凡民函五常之性，而其刚柔缓急，音声不同，系水土之风气故谓之风；好恶取舍，动静亡常，随君上之情欲，故谓之俗。其中，"水土之风气"是民俗产生的自然因素，"君上之情欲"则是民俗产生的社会因素。其后学者的既有研究将其共识于自然环境、政治制度、经济发展、宗教信仰、语言和文化交流六个方面。

一、自然环境

自然环境，是指人类在地球表面的生存空间，是人们的一定社会生活区域，它包括地理位置以及这一地理位置上的地形、地貌、气候、土壤、水系、物产等自然因素。这些是人类赖以生存、繁衍和发展所需的永恒与必要的物质基础。马克思主义认为，我们人类以实践的方式与自然环境之

---

① 中国民俗学网：https://www.Chinesefolklore.org.cn/

间相互作用、相互影响,并持续进行着矛盾的运动,由此构成一个有机的完整世界。因此,"每一个民族的民俗文化的形成,首先可以从各个民族独特的地理形态和自然环境中找到说明"[①]。生活于特定地域空间的民族生活习性,尤其是关乎基本生存的衣、食、住、行等方面,也就先天地具有地域差异。俗言所谓的"百里异风、千里异俗""一方水土、一方风情",正好道出了自然条件对民俗形成的作用。

二、政治制度

政治是上层建筑的重要组成部分,是各种利益主体维护自身利益的特定行为以及由此结成的特定关系,是人类社会进入阶级文明阶段后一个重要的社会现象。政治的本质是不同阶级间利益的博弈。其中,利益强势方利用合法的政治资本在国家事务的具体管理中,制定、推行、强化,或者废止某些制度,从而形成一定的风俗,以达到维护其统治利益的稳固。赵杏根教授(2010)将政治制度对民俗形成的影响表述为两种情况:第一,某些民俗的形成、发展、流变与消亡,发端于官方。例如清初以屠刀推行剃发,是以极端手段作用于民俗之典型。又有以法律形式禁止某些民俗者,如元刑法禁指腹为婚即是。第二,因政治原因,民间自发形成、改变或取消某些民俗。如清人以三月十九日为太阳生日,实以此纪念崇祯帝之死,盖始自清初明遗民(清朝王嘉桢《在野迩言》卷七)。又有以清明戴柳纪念黄巢起义的传说。许多政治人物死后,后人立祠祭之,如关羽、岳飞等就是。再如"五子登科"的图案等,已随科举制度之消亡而消亡,或仅存普通的祝吉意义。

三、经济发展

"民俗作为一种社会文化事象,它的产生总是受到经济基础,即社会

[①] 仲富兰:《中国民俗文化学导论》,浙江人民出版社1998年版,第135页。

生产力发展的要求和制约。也就是说,民俗产生于与之相适应的经济基础之上。"[1] 经济发展对民俗的作用,在人类社会早期阶段较为明显,尤其是鬼神信仰等精神民俗中表现得尤为突出。比如求雨求晴、求子求福等民俗。再如我国古代典籍所记载的上古中原风俗:"昔有先王,未有宫室。冬则居营窟,夏则居橧巢;未有火化,食草木之实,鸟兽之肉,饮其血,茹其毛;未有麻丝,衣其羽皮。"[2] 显然,原始先民茹毛饮血、身着羽皮、刀耕火种的习俗,与当时的社会经济发展水平是相适应的。当然,民俗也是在一定程度上是对当时社会经济发展水平的生活化反映。

四、宗教信仰

宗教是人类社会发展到一定历史阶段出现的一种文化现象,属于社会意识形态。其根本特点是以"向死而生"的生命智慧,借以激发现实之人好好活下去的信心和勇气。信众在超乎于现实世界的超自然神秘力量的引领下,逐渐形成以宗教教义和宗教仪式为内容载体的民俗规范。比如佛教的水陆法会、浴佛节,基督教的洗礼、圣诞节、复活节,伊斯兰教的斋功、开斋节等。实践中,宗教与民俗相互间有着双向作用,一方面,某些民俗因宗教而生;另一方面,宗教因民俗而得以广泛传播。当然,如果外来宗教与本民族文化存在冲突,民俗也会抵制这种宗教的传播与发展。比如,基督教在近代与中国社会传统文化间的激烈碰撞。

五、语言体系

萨丕尔(Sapir, Edward, 1884—1939)在《语言论》(1921)中将语言定义为人与人之间进行观念、情绪、欲望交流的一种具有"社会契约"性质的工具。它是在社会(更多的是在同一地域范围内的族群或种群)公

---

[1] 戚盛中:《泰国民俗与文化》,北京大学出版社2013年版,第46页。
[2] 《十三经注疏·礼记·礼运》,中华书局1980年版,第1416页。

共经验的基础上,对个体自发自觉形成的声音进行定义和标识,从而形成的表达规范的总和。这个"总和"既有语系、语族和语支的差异,也有地域、民族和人群的划分。每个民族都有自己的语言,语言是民族的重要特征之一。在民俗学上,将最能直接、快捷体现民俗特征的俗语套话(主要是"熟语")称之为"民俗语言"。它自然生长于民众丰厚的生活土壤,通俗易懂,生动活泼,是广大民众世代相传的集体智慧和经验的结晶,传达和反映着民众的思想情感和习俗。

六、文化交流

文化的本质在于特定人群生产和生活的方式及内容,其具体表现为物质文化与精神文化两个维度。"人类由不同民族组成的。不同的民族在不同的自然环境、生态环境和历史条件下,所产生的民俗文化……各不相同。正因为不尽相同,才有民俗文化的交流与碰撞,以及在碰撞后发生的变异。所以,民俗文化的交流与民俗文化是同时产生的。"[①] 民俗文化交流主要有两种:一种是广义上的交流,指人与人之间行为举止的互相感染与模仿,互相学习与传播;另一种是狭义上的交流,主要是指不同风格与气质的风习文化的互相渗透和影响,互相传播和学习,这主要是在不同地区、不同民族和不同国家之间进行。[②] 世界上两国文化交流,一般是文化水平高的、先进的国家较多地把文化传向文化水平较低的、后进的国家。民俗文化也同样如此。

影响民俗形成的诸要素之间力量不是均衡的。一般情况下,自然因素在民俗形成的早期,由于人们对自然环境的高度依赖,使得自然因素会起到重要甚至决定性影响。随着民族社会生产生活水平的不断提高,人们对自然环境的依赖度逐渐减弱,而自身主体创造性的不断增强,使得社会性因素,包括政治制度、宗教信仰、语言体系、文化交流对民俗的形成与改

[①][②] 仲富兰:《中国民俗文化学导论》,浙江人民出版社1998年版,第370页。

变起着越来越大的作用。

总之，民俗形成的原因及过程都十分复杂，它是在民族长期的社会生产生活实践中，不断积淀而成，并逐步成为支撑与维系一个民族所特有的精神家园。同时，民俗形成之后并非一成不变，而是随着整个社会历史的发展进程而不断地调适自我，对本民族民俗中不合时宜、有碍社会进步的内容及时扬弃，从而促使新的民俗的不断形成。

第三节　民俗的教化意蕴

教，上所施下所效也；化，教行于上，化成于下也。教化，即通过上行而化成以下，分文化和武化。作为特定群体在长期社会生产实践中所积淀的行为模式和生活惯制，民俗在人类个体的社会化与个性化的养成过程中，具有制度化教育所不可比拟的、积极的教化意蕴。因为"它（民俗）不是有形的实体，不可抚摩，仿佛无所在；但它却无所不在，既在一切传统文化之中，也在一切现实文化之中，而且还在你我的灵魂之中"[1]。

一、民俗的教化目标

民俗的教化目标是民俗群体基于本民族社会生产实践的需要，而借以民俗对族群成员身心状况的预先设想和主观期待。其主要表现为族群成员所形成的相同的思维方式、价值观念、道德标准和审美追求等。民俗的教化目标的实质是使人发生"极其深刻的精神转变"和对"普遍性"的认可，并且由此"达到人性之完满"的内化活动。亦即黑格尔所讲的"向普遍性的提升"[2]，从而成为"这个人"，而非"那个人"，并成为"我们"中

---

[1] 吕良弼、陈俊杰：《中华文化与地狱文化研究：福建省炎黄文化研究会20年论文选集》，鹭江出版社2011年版，第4页。
[2] 曹文彪：《现代社会的教化：难题与出路》，《当代社科视野》2008年第7期。

的一员。

二、民俗的教化方式

民俗是具有普遍模式的生活文化，人们生活在民俗当中，就像鱼类生活在水里一样，无时无刻不与民俗融为一体。与制度化学校教育相比，民俗的教化方式的显著特点是潜移默化。意即民俗是在生活中，并通过生活寓教于乐，对其间的每一个人进行耳濡目染式的影响，于不知不觉中将特定族群的民俗规范内化为每一个人的生命品质，进而形成特定族群的文化认同。正如钟敬文先生所说："一则神话，可以坚固全团体的协同心；一首歌谣，能唤起大部分人的美感；一句谚语，能阻止许多成员的犯罪行为。"①

三、民俗的教化者与被教化者

在范围选择上，民俗的教化者与被教化者涵盖了特定民俗文化单元中的所有人，在一般情况下，二者由该民俗文化单元中的年长者与年幼者分别扮演。其间有三层内涵：第一，年长者的教化资格与年幼者受教化的权利均源于自然年龄的先天差异，无须制度化地限定，教化者以德高望重者为崇。第二，性别差异以及由此而限定的教化目标和教化内容，亦是民俗的教化者与被教化者的划分依据。第三，民俗的教化者与被教化者之间因年龄差异而划分的边界，将随着社会生产发展和时代变迁而发生变化或调整。

四、民俗的教化内容

在世界范围内来看，民俗的教化内容涵盖面异常广泛，涉及人群社会生产生活实践的每一方面或每一个环节，时刻维持和平衡人们的生活、生产、社会等方面的秩序。如衣食住行方面的礼仪、习俗、禁忌等。但在根

---

① 郗建业：《武强年画的艺术风格及历史文化研究》，河北大学出版社2007年版，第168页。

本意义上，无论任何时代、任何地区或国别以及任何民族，民俗的教化内容始终围绕着"生与死"而渐次展开。由此，我们可以将民俗的教化内容简洁地分解为对生命诞生的惊喜、对生命成年的祝贺和对生命终止的悲痛，与之相对应的民俗即为满月之礼、婚仪之礼和丧葬之礼。通过对这些教化内容的观察、参与，直至亲身体验，从而逐渐成长为特定族群认可的"合法"一员。

五、民俗的教化评价

评价通常是指对事物的价值高低的判断，包括对事物的质与量做的描述和在此基础上做出的价值判断。在终极意义上，民俗的教化评价与制度化学校的教育评价是异曲同工、相通相同的，即"育人"与"成人"。但是二者在评价的方式选择、内容考量和标准确定上存在相当的差异。就民俗的教化评价而言，我们完全可以用"生活"来涵盖其所有。即以生活的方式，究其生活的内容，审视其是不是特定族群基本认可的"咱们生活中的正常人"，即"我的"与"我们的"生活方式和生活内容的选择，符合"我的"与"我们的"族群共同认可与情感共鸣。否则，即为异族他域、非我同类之人。

第二章　满月

十月怀胎，一朝分娩。满月是我们受父母血亲孕育、呱呱落地后所面临的人生头遭大事，是我们每个人融入社会，开启人生的初始，历来为世人所重，尤其是为家庭（族）血亲的高度关注。因为，"一个婴儿刚一出生，还仅仅是一种生物意义上的存在，只有通过为他举行的诞生仪礼，他才获得在社会中的地位，被社会承认为一个真正意义上的'人'"[①]。

第一节　满月的源起

一、满月的界定

满月，源于地理学称谓，又称"望月"，是指月球与太阳的黄经相差180度的月相。此时，月球正面完全被太阳光照亮，从地球上看，月球像一个明亮的圆盘，故名。"满月"与"新月、蛾眉月、上弦月、盈凸、亏凸、下弦月和残月"一起共同构成"月相"的周期性变化，并对应于我国传统农历时日。其中，"满月"一般发生在农历每月的十五、十六。

地理学意义上的"满月"在人们"观天俯地"，敬畏未知，期盼未来的生产实践中，延伸于民俗学视域，并成为人们的共知。中国汉族传统礼

---

① 高路加：《中国旅游人类学纲要》，广东旅游出版社2004年版，第226页。

俗一般将男孩出生三十天、女孩出生三十一天称为"满月",或"弥月""足月"。人们将"满月"的时候做的庆贺礼俗称之为"做满月",或"弥月之喜",陕西关中又将其称为"过满月""吃满月酒"等。

二、满月的源起

民间信仰认为产妇与婴儿在满月之前处于非人非神、神圣世界与世俗世界之间的过渡、模糊状态。婴儿未满月之时被称之为"胎毛鬼",产妇被称之为"血腥鬼",二者需要周围人们加倍小心的特殊照顾。否则,"邪气"不仅会危及产妇与婴儿的生命健康,而且会殃及整个家庭(族)。"分娩是一件危险的、会带来污秽的事情,它需要在一个严格隔绝的地方进行,而且还需要对超自然的外部影响特别注意。母亲的风险可以影响到孩子,还可以影响到分娩时与她接触的人……因此'坐月'期有很多仪式上的限制和危险。"[1]

古时医学不够发达,婴儿死亡率较高,尤其是"四六厄运"或"四六风"(即"破伤风",陕西关中俗称"脐风"。婴儿从感染此病到出现抽风的症状大约需四到六天)等疾病带来的苦痛,一直是千百年来人们共同的生活印象与集体记忆。三十天或三十一天特定时期的结束,意味着人们可以从诸多的限制和禁忌中解脱出来,恐惧散去,希望满满,身体和心灵的高度紧张都获得了很大程度的缓解与释放,庆贺理所应当。

故而在民俗源头上,我们可以将满月礼俗理解为,人们出于产妇与婴儿的平安健康及家庭(族)兴旺发达的期盼,着眼于质朴的民间信仰和真实的生活经验,比附"明亮圆盘"般的"月相",在婴儿出生后三十天或三十一天内所做出的一系列禁止性与鼓励性的仪程设计和行为选择。自宋代以降,满月礼俗在我国各地一直流传,成为人生礼仪中的重要内容,并

---

[1] 李洁:《"人"的再生产——清末民初诞生礼俗的仪式结构与社会意涵》,《社会学研究》2018年第5期。

随着社会发展，而在地区、民族间有所变迁。

第二节　"满月"的构成

关于满月礼俗的具体构成，南宋吴自牧《梦粱录·育子》对满月礼俗有着最为详细的记载：至满月，则外家以彩画钱或金银钱杂果，以及彩缎珠翠卤角儿食物等，送往其家，大展"洗儿会"。亲朋俱集，煎香汤于银盆内，下洗儿果彩钱等，仍用色彩绕盆，谓之"围盆红"。尊长以金银钗搅水，名曰"搅盆钗"。亲宾亦以金钱银钗撒于盆中，谓之"添盆"。盆内有红枣儿，少年妇争取而食之，以为生男儿之征。浴儿落胎发毕，以发入金银小盒，盛以色线结涤络之，抱儿遍谢诸亲坐客，及抱入姆婶房中，谓之"移巢"。若富室宦家，则用此礼。贫下之家，则随其简，法则不如式也。撮其要旨，满月礼俗主要包括拜取名、拜天祭祖、报喜、洗三朝、剃满月头、移巢、认干亲和满月酒八个方面。

一、取名

取名之法源于中国古代先贤的哲学思想，体现了承名之人的文化素养与审美感受，其实质是代表一个人并使之区别于他人的符号。"名"在《说文解字》中的释义为：自命也，从口从夕。夕者，冥也。冥不相见，故以口自命。即："'名'是由看不见的'命'与看得见、叫得出，且有一定意义的文字符号所组成，因而人们希望在'名'中加入吉祥诱导信息以促进好运，消除厄运。"[1]

因此，《荀子·正名》有云："名无固宜，约之以命。约定俗成谓之宜，异于约则谓之不宜。"孔子"名正言顺事成"之说、苏东坡"世间唯名实

---

[1] 李果红、袁靖：《现代汉语人际称谓的模因现象》，《浙江工业大学学报（社会科学版）》2006年第12期。

不可欺"之论、严复"一名之立，旬月踯躅"之感，以及"赐子千金，不如教子一艺；教子一艺，不如赐子好名"之谚语等，均体现出中国人对取名重视与讲究。

《礼记·檀弓上》说："幼名，冠字，五十以仲伯，死谥，周道也。"也就是说，在中国传统文化习俗当中，我们每个人的一生要有小名、字、尊称与谥号等四种名字。但是随着时代变迁，我们今天大多数人的名字只有两种类型，即小名（乳名或私名）和大名（正名或学名或官名）。小名，一般是婴儿哺乳期所取之名，一般较为随便而亲切，有的较为粗野，认为叫得越贱越好，"贱名易养"。陕西关中百姓给小孩起小名都比较随意，常选用一些贱、俗、土、丑的字眼。如狗蛋、黑娃、臭蛋、屹塔娃等。此外，我国在清代以前女孩子只有乳名，出嫁时其大名便随夫姓。因而就出现"张王氏""宋李氏"（男姓在前，女姓居中）等，这是典型的封建礼教中歧视女性的做法。

在取名方法上，常见的主要有以下七种：①

（1）节令法：根据孩子出生时的节令与花卉取名。如春花、夏雨、秋菊、雪梅等。多见于女性。

（2）地名法：例如沈申（上海）、袁晋（山西）、黄云生（云南）、王西川（陕西、四川）、张宝山（上海宝山）等。也有从祖籍及出生地中取一字，缀联成名，主要以纪念为主。

（3）盼子法：父母接连产下女婴，盼子心切，便会在为女儿取名时用一些谐音字，如根（跟）弟、玲（领）弟、招弟、盼弟、增弟、见弟等。

（4）抱子法：夫妇膝下无子，从他处抱养孩子。此类孩子的名字中，常有一个"来"字，如来宝、来娇等。

（5）体重法：人们按照孩子的身体重量取名。在甘肃玉门地区，只取

---

① 汪道启：《现代青年常用知识一本通》，中国华侨出版社2012年版，第145—146页。

几个吉祥数，如"九斤娃""八斤娃""六斤娃"等，忌讳"三、四、五、七"这些数字。其意是认为这些数字很不吉利。还有用爷爷的岁数取名的，如刚好孩子出生时，他（她）爷爷六十岁或七十岁，孩子便取名"六十娃""七十娃"。① 鲁迅的小说《风波》中有如下描绘：这村庄的习惯有点特别，女人生下孩子，多喜欢用秤称了轻重，便用斤数当作小名。如"九斤老太"、孙子"七斤"、曾孙"六斤"等，这是流行于浙东民间的一种特殊取名习俗。《辽史》记载中，有石抹五斤、耶律八斤等姓名。②

（6）排行法：排行命名就是同一家庭或家族中同一字辈的人依其出世早晚、年龄长幼做数目字的排行而取名。这种命名，简洁明了，易认易记。如《水浒传》中的阮氏三兄弟：阮小二、阮小五、阮小七。溯其本源，排行命名的方法早在春秋时代就已有以"伯、仲、叔、季"（伯为老大，仲为老二，叔为老三，季为老四）等寓有排行意义的字来命名了。汉人在"孟、伯、仲、叔、季"之外，还加添"长、元、次、少、幼"等有关排行并带有形容性质的字。另外，以老大、老二称人兄弟的，由来也已久，在唐代的诗文中常可看到，一个家庭中的同辈兄弟姐妹都依其年龄长幼做数目字的排行，妇人的名字也有以数目字"一娘、二娘、三娘、四娘"等为名的。当然，这种以数字排行取名的方法，直到现在仍盛行。③

（7）五行法：即根据名字主人的出生时辰，选择有利于名字主人八字命局用字的一种取名方法。凡是符合五行要求的名字为吉名，不符合则为凶名。古代阴阳五行学者认为，天地之间皆五行，故将天干地支套上五行。人一生的命运，就是干支的"冲、刑、生、克、合"关系，以及从五行的"我生、我克、生我、克我"关系中推敲出来的。

例如：有李姓小孩生于 2008 年 1 月 19 日，星期二（农历丁

---

① 贾其全：《酒泉非物质文化遗产》，甘肃文化出版社2014年版，第181页。
② 月明日：《神秘消失的古国》，中原农民出版社2008年版，第266页。
③ 马挺生：《命名的艺术》，广东人民出版社1992年版，第41页。

亥年2007年十二月二十二日）上午9点55分。

　　据万年历查出为：丁亥年、癸丑月、戊午日、癸巳时。

　　即：水（鼠）年水月土日癸巳。

　　根据六十甲子纳音得知，此子为水命，时辰巳时，姓李，五行缺金。综合五行及五格命理，可取名为李政锴。预示将在政坛飞黄腾达，搅起一阵风云。[1]

二、拜天祭祖

　　满月当日，家人（或族人）准备三牲饭菜、三茶五酒等丰盛祭品，虔诚地拜天祭祖。既感谢上天与先祖赐予家庭（族）新生命的恩典，同时将孩子的出生时辰与姓名告知上天与先祖，祈求保佑家族香火旺盛，子嗣健康成长。

　　一般情况下，满月当日的拜天祭祖之词有着既定格式。这里，我们以客家人的仪俗为例予以说明。[2]

（1）生子或生孙满月告祖告词式

　　告词代告曰：维公元△△年岁次△△△月△日，阳有堂下嗣孙△△△诣于位前而告曰：兹嗣孙叨，蒙祖宗福荫得添新丁，兹当日乃值弥月之辰，理宜敬告祖，厥唤△△名，谨以牲醴陈列堂前，不敢擅专。敬告祖考妣、伯叔祖考妣，暨通堂尊神出就祭所，受领薄祭。叩首，兴。

（2）生子或生孙满月祭祖祝文

　　维公元△△△△年岁次△△，△月△日堂下嗣孙△△△男△△△等，谨以香楮宝烛刚鬣牲馔庶馐果品清酌之仪致祭于，△

---

[1] 范文华：《一口气读懂〈周易〉》，贵州科技出版社2011年版，第196页。
[2] 杨坤麟：《客家礼仪》，客家礼仪编委会2000年版，第258—260页。

氏堂上始历代祖考妣、伯叔祖考妣,暨本宅屋主先上老人,本宅福德兴旺龙神,通堂诸位尊神位前,而祝曰:

恭惟

祖德流徽,锡云礽以祚胤;宗功衍庆,荫孙子以蕃昌。嗣孙△△△男△△,祥呈麟趾,梦叶熊占。幸广贻谋之绪,实叨垂裕之功。兹逢弥月,虔具不腆牲牷,用表微诚。凛趋跄而敬谒,无穷报答;对祖灵而陈牲醴,伏愿:居歆勿吐,纯嘏有常。佑孩子以成人,克家惟肖;羡充闾之佳气,绳武称贤。索再索三,异日点汾阳之颔;肯堂肯构,他年咏瓜瓞之绵。泽流奕世,庆集三多。

尚飨。

三、报喜

"报喜"是在婴儿出生满三朝之后(一般是在产后三天到七天,俗称"一腊"之间),婿家要准备礼物到岳父母家通报,感谢女方父母的养育之恩。岳家收下礼物之后,多在产后第十二天置备给产妇补身的食品和新生儿穿戴的衣物送至婿家,俗称"贺喜"或"送庚"。《礼记·内则》云:"子生,男子设弧于门左,女子设帨于门右。三日始负子,男射女否。"这种"设弧""设帨"的礼俗,不断传承变异,在各地具有了不同的形式。

陕西关中东府渭南地区,女婿要在产妇分娩后一两天内,向岳父母家报喜。报喜时,带酒一壶,上拴红绳为生男,拴红绸为生女。女婿临走时,娘家用红布包几个圆形烙饼(饦饦馍),象征着"给婴儿带奶粮"。婴儿出生第三天,娘家人前去探望坐月子的女儿。关中一带多是带红糖、鸡蛋、点心等食品,表示对女儿的祝福和关怀。陕南汉中一带流行送"四喜礼",包括婴儿的衣、袜、鞋、帽和一对鸡、2斤红糖、三对猪蹄和40个鸡蛋。华州区一带娘家是第10天会同亲友看女儿,这时带的传统礼品是婴儿穿的衣服和 100 个饦饦馍。

附：报喜帖的格式，一般为竖写，这里以横排式示之。①

```
        幸于×年×月×日×舍添×      之喜

    捷     报

  贵府

                        姻眷×××拜
```

注：（1）生男写添丁或弄璋之喜，生女写添口或弄瓦之喜。
　　（2）若添孙男、孙女，写子舍；添重孙男重孙女，写孙舍；自己添子写寒舍。
　　（3）署名，有长辈者由长辈写，没长辈自己写。

四、洗三朝

婴儿出生后第三天，称为三朝。给婴儿洗澡称为"洗三朝"，或"洗三"或"洗儿"。据《新唐书》记载：唐肃宗吴皇后"生代宗，为嫡皇孙。生之三日，帝（唐玄宗李隆基）临澡之"。南宋诗人杨万里在《贺必远叔四月八日洗儿》一诗中说：年年四月初八日，水沉汤浴黄金佛。今年大阮当此时，真珠水洗白玉儿。据宣城《梅氏家谱》载称：梅尧臣五十八岁得幼子，三朝，欧阳修、范仲淹、富弼皆作"洗儿诗"以贺。其中，欧阳修做《洗儿歌》贺道：宛陵他日见高门，车马煌煌梅氏子。清末陈增寿在《慈护属题洗儿图》说道：深根固蒂枝叶荣，重阶兰玉诧宁馨。芝兰玉树是中国古人比喻后昆优秀用语，诗中的"重阶兰玉"一词体现了陈增寿对孩子有为人生的期盼。

胡朴安编撰《中华全国风俗志·京兆》（岳麓书社，2013年）记载，"洗三朝"各地做法不尽相同，但基本程序大同小异：洗三的当天，把接生婆接到家，酒食款待，然后由家人在产房的外厅供上碧霞元君、催生娘娘、

---

①李万全、林州市横水镇志编纂委员会编：《横水镇志》，北京艺术与科学电子出版社2006年版，第348页。

痘疹娘娘、眼光娘娘等13位神祇。产妇床头供"床公床母"像，以点心或油糕为供品。上香叩头后，用艾、大麦根、金银花藤、槐树头、桃树枝、黄连或犀牛黄等中草药熬过的水给小孩洗澡。

前来祝贺的亲友拿银钱、喜果之类的东西，搁往澡盆，叫作"添盆"。洗婆（或婆婆、奶奶）根据亲友所投物品，口念不同的吉语。搁枣儿、栗子，就说"早立子儿"；搁莲子，说"连生贵子"；搁桂圆，说"连中三元"等。

洗好后，用单被包好，拿秤和锁比画几下，谓"秤权虽小压千斤"，长大后"头紧、脚紧、手紧"。最后焚化神祇牌位，洗三仪式才告结束。洗三时，亲朋好友以红包贺礼，主人则设宴款待，称之为"三朝宴"或"三朝酒"或"汤饼宴"。清朝冯家吉《锦城竹枝词》描写道："谁家汤饼大排筵，总是开宗第一篇，亲友人来齐道喜，盆中争掷洗儿钱。"这里，汤饼者即面条。

洗后，还有一项重要仪式，称为落脐炙囟。即点着艾叶球，用生姜片做托，象征性地在婴儿脑门熏炙一下，去掉新生儿脐带残余，并敷以明矾，表示就此脱离了孕期，正式进入婴儿阶段。

五、剃满月头

"剃满月头"也叫"铰头""落胎发"，俗称"落胎毛""剃胎毛"，它是婴儿满月礼俗中最为严肃和隆重的一项。《礼记·内则》记载"三月之末，择日剪发为鬌，男角女羁，否则男左女右"[①]。满月当天，主人家会给新生儿剃发。剃发的人既可以是孩子族亲，如舅舅、孩子母亲或其他族中长者；也可以是专人等，如剃头师傅或族（村）中未婚姑娘。剃发时，人们会视新生儿头发多少，既可以象征性地剪理一下，也可把满头毛发剃削精光。剃发过程中，剃发的人还应边唱吉祥歌边剃发。

剃下的头发，又被称为"血发"，意指来自母亲，以表孝意。按照习俗，

---

① 孙希旦：《礼记集解》（上），中华书局1989年版，第763页。

民间认为"胎发"与新生儿之间具有某种奇妙的联系，不能随便丢弃，人们大都会谨慎、小心、妥善地以某种特殊方式妥善加以保存。在赣南一带，是将剃下的头发用红纸包好后放于大门顶上，此谓步步登高；有的用红布包裹，悬挂于保生娘娘的神座旁边，祈求保佑长生。近些年一些地区出现的新习俗是，把"胎毛"制成毛笔，刻上婴儿姓名及日期，作为永久性的纪念品。

婴儿剃满月头的发式大致有以下四种：[①]

（1）打圈儿剃。即只剃周围一溜，这多为女孩发式。也有前后左右留出四丛头发，扎小辫的。若女孩头发又细又黄，也有剃光头以求头发变黑、发质变好的。俗信以为，头发如韭菜，越剃（割）越旺。

（2）"茶壶盖儿"。此式多对男孩，即把头发全部剃去，仅留"呼歇门"（即囟门。婴儿期，头顶随呼吸而动的部位），这是最普通的发式。

（3）"铁箍头"。即周围一圈头发留着，仅剃去头顶部分，是因形而得名的。随着以后头发的不断长长，便在后脑处留一块不剃，叫"鳖尾儿"。

（4）"留鳖尾儿"。它与"铁箍头"不同，在第一次剃头时除留出顶发和"鳖尾巴"，其他部位全部剃光。有些地方称此为顶留"聪明发"，后蓄"撑根发"。俗语讲"千年王八万年龟"，留"小鳖尾儿"正意味着保佑孩子像龟鳖那样长寿，也就是希望孩子消灾免祸、易长成人。也有人解释，头上留"鳖尾儿"，就可算是鳖的孩子，从而得到鳖神保佑，无病无灾。总之，只要孩子能顺利地长大成人，这"鳖尾儿"就有"留"的价值。

六、移巢

"移巢"又被称为"挪臊窝""转窝""请满月""接月腿"等，指满月后舅舅或外婆来接婴儿母子回娘家小住，以求母子平安、健康的习俗。其后，母子出外游走之意也渐被融入其中，"移巢"的具体时日不一。一

[①] 鞠海虹、鞠增艾：《中华民俗览胜》，语文出版社2000年版，第211—212页。

般来讲，女婴在满月之日，男婴则要提前一两天；或者男婴满三十天，女婴满二十九天。

产妇带着婴儿离开婆家时，产妇要在头上扎红布条，插桃枝或柏枝，婴儿头顶红布，俱是怕秽气未退尽，恐有所冲犯，故以红布、桃枝、柏枝禳解之。走时，婴儿的姑姑要在婴儿的鼻梁上抹一道黑色记号，到外婆家后，由婴儿的姨母擦去。民间俗话云："姑姑抹，姨姨擦，婴儿能活一百八。"

在外婆家，男孩住三天或五天，女孩住七天或八天，谓"三官五秀才七娘娘八太太"。返回时，婴儿的姨姨还要在婴儿的鼻梁上抹一道白色记号，由婴儿的姑姑给擦去。民间俗话云："黑来白走，婴儿能活九十九。"[①]

七、认干亲

认干亲就是没有直接联姻关系的双方，自愿结拜结为亲戚，俗称认干爹干娘，又叫"打亲家""拜干爹、干娘""跨门槛""谊亲"和"契亲"等。这个是一种全国都比较普遍的保育习俗。民间相信"双爹双娘，福大命大，逢凶化吉，遇难呈祥"。另外，又有把神祇认做干爹娘的，又称"契神"，常见的有认观音、妈祖、土地公、关公等神明做干爹娘，有些会则会认大自然的事物如石头、大树为干爹娘，可能是原始宗教崇拜的遗留。契神一般限于未婚者，到准备结婚时，一定要去酬神，以表示自己长大成人，并感谢神明的庇佑。

在陕西关中，婴儿生下后，主家认为第一个登门"逢生"的外姓人与婴儿有缘，便拜他做干爹。或者在孩子满月那天的中午，把孩子抱出村外转悠，俗称"撞道""撞喜"。碰到的第一个成年男子，就拜他为"干大"（关中称爹为"大"）；碰到成年妇女，就称为"干妈"；碰到老头拜"干爷"；碰到老妇拜"干婆"。

[①] 杨茜彦、清风：《婚丧喜庆一本全》（下），中国华侨出版社2013年版，第457页。

认干亲的起源大致有五种情况[①]：

（1）为了保障孩子的生命安全。旧时婴儿死亡率高，认干亲取个吉利。

（2）为了保障父母的生命安全。据说有些孩子"命硬"会"克"父或"克"母，解决的办法就是给孩子认干亲，由双方分散承担风险。

（3）为了拓展或巩固人际关系。民间是喜欢把亲属关系扩大化的，如称无血缘关系的年长者为哥（姐）、伯（母）、爷（奶）等。

（4）家中无子女，希望后继有人，主动认"干儿子""干女儿"。

（5）喜爱孩子聪明伶俐，主动上门做"干爹""干妈"，认干亲家。

婴儿时期拜认的干亲可能是永久性的，终身保有这种关系；也有可能是临时性的，多则三年五载，少则匆匆一晤，从此各不相干。主家在认干亲时，多寻陈姓（沉取拿不动，搬不走之意）、刘姓（留住之意）、寇姓（扣住婴儿不死之意）等人家，取其谐音、祈福护佑之意。但是特别忌讳王姓、史姓等，因其音与"亡""死"相同。此外，也不能认未婚未育的人做干亲。

八、满月酒

满月酒是我国民间普遍流行的满月礼风俗。民间认为婴儿出生后存活一个月就是渡过了一个难关。家（族）中长辈一般都比较重视这个时日。为了庆祝孩子渡过难关，祝愿新生儿健康成长，家（族）通常会举行满月酒仪式，满月酒要择吉日。因此，有些办满月酒的日子与孩子满月时间并不一致。婴儿未满月而设满月酒的叫"偷满月"，意思是不惊动天地，避免生辰的凶象，悄悄庆贺一番。

是日当天，陕西关中东府渭南一带娘家要送虎形馍，希望婴儿健康成长。西府宝鸡一带娘家要送曲连馍，馍呈圆形，直径半米多，上覆外翻荷叶，周围饰有牡丹、鲜果等面花，中间则摆两个桃馍馍或者一对鱼馍馍。舅家的曲连馍馍，需要放置三天以后方可食用，且需要在外甥脖子上套一套，

[①]《告成镇志》编纂办公室编：《河南省登封市告成镇志》，河南人民出版社2007年版，第497页。

寄望健康富贵、平安吉祥。姐姐家亲友要送猪娃帽子或老虎帽子。此外，还有猫娃枕头、老虎枕头、狮子枕头、"筒袖"状小鞋和长命富贵的项圈等。主家招待所有的来宾，除了烟、茶、酒等之外，还有助兴活动，如唱戏、演皮影、放电影等。①

人们的高兴之状、欣喜之情在如下散曲中足以可见。②

[南南吕·掉角儿序] 孙儿满月酒

喜临门杨家卞家，抱孙儿鹏城盛夏。今生世甘苦夫妻，已熬成龙钟爹妈。设绮筵，邀众宾，将陈酿，引千觞，围圆桌酒添老话。婆婆笑傻，爹爹陪罚，只打点上汤上茶。抽空儿瞄瞄那厢，别吵醒我那孙娃。

第三节 满月的教化意蕴

满月礼俗着眼于生命的起点，以其特有的喜庆、烦琐、禁忌甚而神秘的仪轨设计，分阶段逐步完成了新的生命个体融入既有生命群体的身份转变，从而为我们每个人的安身立命给予了潜移默化的源头性支撑。这里，我们以整个满月礼俗仪轨环节中"自家人"与"外家人"参与与否，以及参与人数多寡，将满月礼俗仪轨分解为"自家人"独处阶段和"自家人与外家人"共处阶段。这两个阶段次第衔接，共同促成一个"家庭人"与"社会人"的复合统一。其中，"自家人"独处阶段包括取名、拜天祭祖、报喜和洗三朝，"自家人与外家人"共处阶段包括移巢、认干亲、剃满月头和满月酒。

---

① 《关中西府地区"满月"习俗》，http://blog.sina.com.cn/s/blog_60be8a850102wml0.html
② 徐耿华、陕西省散曲学会编：《当代散曲百家选》，三秦出版社2015年版，第181页。

一、"自家人"独处阶段

"自家人"是指以新生儿为圆心,以五服血亲关系为半径所涵盖的特定人群。具体而言,其既包括以新生儿为圆心的父系五服血亲,也包括母系五服血亲。在中国传统的宗法制社会,前者相对于后者属于自家人,后者相对于前者则属于外家人。父系五服血亲与母系五服血亲之外的人群就属于"外家人"。"自家人"独处阶段即是指在取名、拜天祭祖、报喜和洗三朝的四个满月礼俗仪轨环节中,上述两类人群是主要参与者。一般情况下,这两类人群之外的"外家人"既不会被允许参与,也不会主动参与。在这一阶段,自家人参与的方式主要表现为特定的行为选择与相关禁忌,具有较强的神秘性和私密性,是家庭(族)的内部事务。

新生儿与自家人独处的根源是血浓于水的先天性血缘限定,其目标是促成新生儿合法、正当、健康、顺利成为家庭(族)中的一员,并由此代代接力、绵延不绝,确保本家庭(族)的兴旺发达。《礼记·内则》很形象地为我们描述了古人如何将新生儿,从"自家人"独处阶段逐步过渡到家庭(族)成员共处阶段的过程[1]:

第一阶段:家族大事,庄重严肃

(子生)三月之末择日,命士以下皆漱浣,男女夙兴,沐浴衣服,具视朔食。妻抱子出自房,姆"先相曰","母某敢用是日,祇见孺子"。

第二阶段:告知宗庙,祈福认可

夫入门,升自阼阶,立于阼,西向。妻抱子出自房,当楣立,东面。

第三阶段:报之官府,存名于册

父执子之右手,咳而名之。妻对曰"记有成",遂左还授师,子师辩告诸父诸母名,夫告宰名,宰遍告诸男名,书曰某年某月某日生,而藏之。宰告闾史,闾史书为二,其一藏之闾府,其一献之州史,州史献之州伯,

---

[1] 刑福义:《文化语言学》,湖北教育出版社2000年版,第180页。

州伯命藏之州府。……凡名字，不以日月，不以国，不以隐疾。

（一）取名

"姓"与"名"的复合共存作为一种抽象符号，是"人"这个特殊生命存在用以表明生物学意义的血缘边界和社会学意义的利益边界。在以"姓"为标志的血缘边界确定的情况下，"名"则意味着利益的固守、获得、延续与扩充。再者，民间普遍认为，"名"与人一生的福祸命运紧密相关，尤其是关涉我们中国人自古就崇尚的"五福"，即寿、福、康宁、攸好德和考终命（即长寿、富足、健康平安、爱好美德、寿终正寝）。因此，"取名"并由此而生的身份就成为新生命诞生后整个家庭（族）的最为重要的首选之事。屈原在《离骚》中就非常自豪地言道：皇览揆余初度兮，肇锡余以嘉名。名余曰正则兮，字余曰灵均。马克思在《关于费尔巴哈的提纲》中指出："人的本质不是单个人所固有的抽象物，在其现实性上，它是一切社会关系的总和。"在我国传统礼俗中，新生儿的取名往往被悬置于国与家所构成的复杂关系网格中，以"禁忌"与"祈福"为特征的取名法，将人们对国与家的认同、古圣先贤的尊重、列祖列宗的缅怀、幸福生活的向往，以及对美好事物的热爱等融入新生儿的身份构建当中，以提前再现的方式赋予新生儿的人生期待。杨茜彦和清风《婚丧喜庆一本全》（中国华侨出版社，2013）、万建中《中国民间禁忌风俗》（中国电影出版社，2005）中就详细谈到了取名法中的国讳禁忌、家讳禁忌、圣讳禁忌和十二生肖禁忌等。此外，袁玉骝《中国姓名学》（光明日报出版社，1994）、袁启禄《名字伴宝宝好运一生》（中国商业出版社，2009）中，就取名中的繁难字、生冷字、孤僻字及多音字等也进行了一定的补充说明。

（二）拜天祭祖

拜天祭祖是人在探寻生命终极源头，质疑"我从哪里来"的时候，所做出的由远而近的两个意义极上的主动回应。远者即为"天"，近者即为

"祖"。"天"是人之生命的意义之源，"祖"是人之生命的血亲之源。因而，"天"是绝对存在，"祖"是相对存在。人正是"远与近""天与祖""绝对与相对"的和合共应的结果。

在我国传统文化语境中，"天"并非地理学意义上包括大地及宇宙万物的客观自然界，而是蕴含精神、气质和人格化的一种特殊存在，"天"与"人"之间始终存在"意义"互动。尽管先民早已对生育的生物性常识有一定的直观积累，但是，"感孕说""投胎说"及"神主说"等超自然世界对人类生殖的神圣作用依然在民间信仰中有着很高认同度。人天同源，人天同运，人天同构，人天同律，人天同德。

"祖"在东汉许慎《说文解字》中释义为"始廟也"。清代段玉裁《说文解字注》则曰：始兼两义，新廟为始，远廟亦为始，故祔祧皆曰祖也。意即无论血缘关系的远近，必然为"同祖同宗"，正所谓元代戏曲家郑廷玉在《布袋和尚忍字记》楔子中所言："可不道一般树上有两般花，五百年前是一家。"

借此，满月礼俗中的拜天祭祖正是人们着眼于自身的功利性需求，而在两个方面做出的教化设计：一是要敬畏和感恩"天"与"祖"给予了我们千秋万代的生命延续。孔子对"天"始终怀有深深的敬意："天何言哉，四时行焉，万物生焉。天何言哉！"（《论语·阳货》）二是要祈求和保佑"天"与"祖"的超自然能力，庇护整个家庭（族）人丁兴旺，生产丰饶，福寿安康，富贵百年。当然，强化"天人合一"、增强血亲认同感也是必需的。

（三）报喜

在中国传统社会，生儿育女、添丁进口是家庭（族）的大事，其原因在于两方面的考量：一是中国传统社会是一个以小农经济为主要生产方式的社会，生产成果的优劣多寡完全取决于不可控的自然因素与可控的人为因素，可控的人为因素主要表现为劳动力绝对数量的增加。二是中国传统社会是以血亲关系为中心结成的宗法制社会，每个家庭（族）都特别重视家族血缘的延续和香火的传承。孩子（尤其是男孩）的出世预示着祖宗有了血亲后裔去祭祀，家族有了合法后代延续香火。因此，新生儿出生后，父家血亲要向母家血亲及时"报喜"，母家血亲也要及时以"礼物"的形式"贺喜"父家血亲。"报喜"与"贺喜"的形式与所赠礼物虽然存在地方、民族及时代等方面的差异，但是信息通报、礼物共享、姻亲同贺却是其共同特点。"就社会学视域来看，'报喜'是父家血亲代表新生儿跨出'自家人'边界的第一步，渐趋在外家人群中获得身份认可，并最终为有效融入外家人群中打下基础。同时，双方家庭（族）通过'报喜'与'贺喜'仪式的相互往来，再一次强化和巩固了双方群体间的拟血缘关系连接。"[①]

（四）洗三朝

洗三朝的主要目的是洗涤污秽，消灾免难，祈祥求福。否则，小孩将晦气缠身，难以养大。参加"洗三朝"仪轨的人员仍然主要是"自家人"中的女性，"自家人"中的男性在整个洗三朝过程中都是要回避的。因为民间认为男性的"阳"气容易在这类不洁净的仪式中受到侵害与削弱。

人们通过为小孩洗身、落脐和灸囟三个内容的渐次展开，将成人世界的内在信仰与生活经验融入其间。一是虔诚的民间信仰。民间传说婴儿系送子娘娘所送，出生三日，她要亲临凡间查看，如有不从或不敬者，必将受到神灵的惩罚。因此，洗三朝是人们对神灵表达敬畏与感激的自觉行为。二是朴素的生活经验。在医学不发达的年代，人们相信新生儿体内带有的"胎毒"引发了新生儿早期的一些身体症状和疾病，例如鹅口、垂痈、重腭、褥疮等症。胎毒的起源一般有"血秽"和"欲火"两种解释。前者认为胎毒是胎儿在母体内"食母血秽"所致，后者则认为男女交媾性"热"且"不洁"所致。无论何者缘由，祛病强体、永葆健康的洗三朝都是有益选择。

[①] 李洁：《"人"的再生产——清末民初诞生礼俗的仪式结构与社会意涵》，《社会学研究》2018年第5期。

届时，人们会将具有活血化瘀、清热消炎和杀菌解毒等药效之类的中药材泡于水中为婴儿洗三朝澡。各地区、各民族洗三朝时所选择的中药材不完全一致，但所选择中药材的功效大致相当。如生姜、雄黄、黄连、花椒等。

各地"洗三朝"常用中药材

中 药	功 效
艾 叶	除湿止痒、祛风疗疮
枫树叶	行气止痛、除湿祛风
樟树叶	祛风除湿、解毒杀虫
楮树叶	祛风湿、治肿胀、治癣疮
橘子叶	疏肝行气、化痰、消肿毒
茶 叶	祛痰止咳、除烦去腻、消炎解毒
布荆叶	止咳定喘、镇静退热
松针叶	祛风活血、明目安神、解毒止痒
枇杷叶	清肺和胃、降气化痰
金银花（藤）	清热解毒、凉散风热
三角枫藤	祛风湿、通经络
石楠藤	祛风除湿、舒筋强腰、除痹止痛
生 姜	温肺散寒、化痰止咳
菖 蒲	开窍化痰、理气活血、散风去湿
鹰爪枫	祛风活血
紫 苏	祛湿驱寒
雄 黄	解毒杀虫、燥湿祛痰
大麦根	止热消渴、下气利水、消温解毒
桃树枝	解毒杀虫、燥湿止痒
犀牛黄	清热解毒、压惊、止头痛、化痰涎
黄 连	清热燥湿、泻火解毒
蒜 瓣	温中行滞、排毒清肠
花 椒	散寒祛湿、温中止痛、杀虫止痒
伸筋草	抑菌祛风、散寒舒筋活血
蜂窝草	疏风散寒，化痰止咳
香 附	理气解郁、止痛调经
见风消	祛风利湿、舒筋活络、解毒消肿
老虎麻	祛风湿、解痉、解毒

二、"自家人与外家人"共处阶段

如上所述,"外家人"是相对于"自家人"而言,是新生儿五服血亲(父系与母系)之外的人群,这个人群不具有如"自家人"一般的特定性,而是具有不确定性、发散性乃至终极性。按照费孝通先生提出的"差序格局"主张,我们提出的"外家人"包括除了五服血亲(父系与母系)之外的地缘关系人群圈与业缘关系人群圈。在规范设计的预期中,这两个不特定的人群应当涵盖了世界上除了"自家人"之外的所有人,尽管新生儿终其一生都有可能不会与之发生任何社会交往。"自家人与外家人"共处阶段是新生儿在"自家人"的庇护下,逐步接触"外家人",并最终被"外家人"熟悉、接纳与认可的阶段。

(一)移巢

移巢是在新生儿满月之日,或男婴满三十天,女婴满二十九天,经历取名、拜天祭祖、报喜和洗三朝的前期"自家人"阶段后,新生儿与产妇从被隔离一个月的"月房"(或产房、暗房)中搬出居住或回娘家小住,正式开启与"外家人"交往的转变。"移巢"最直接的外显缘由是迫在眉睫的卫生保健需要。"在传统月子期,新生儿在几近封闭的空间内排泄呕吐,又不允许产妇洗澡、洗头,再加上室内空气不流通,房间内往往腌臜不堪,需要进行彻底整理和清扫。"[1]再者,产妇与新生儿经过一个月的将养生息,身体状况也已经受得起室外包括卫生、天气等环境的变化。"移巢"的内隐缘由在于两个方面:一是产妇既有社会关系的恢复。在传统满月礼俗中,女性怀孕之后就会被诸多禁忌与讲究隔离于其他人群之外,尤其是要与"外家人"保持相当的排斥性距离,而且这种隔离在产后一个月左右的时间内达到极致。这种"隔离"使产妇在这一时期成为暂时性的社会"边缘人"。

---

[1] 李洁:《"人"的再生产——清末民初诞生礼俗的仪式结构与社会意涵》,《社会学研究》2018年第5期。

因此，移出产房将有助于产妇恢复与"外家人"的社会交往。其中就隐含着产妇从"新妇"到"人母"的身份转变与回归。二是"自家人"与"外家人"的复合统一性，决定了新生儿势必也要与"外家人"创建社会交往。只不过由于新生儿身心的初始性，使得这一"创建"借以人的先天性本能而委托他人协助完成，其间，产妇是最为关键的"被委托人"。当然，新生儿的"自家人"（包括父系五服血亲与母系五服血亲）通过"移巢"向"外家人"宣示尊严、展示欣喜之意也属应当。

（二）认干亲

"干"在《古汉语常用字字典》中有7个义项，分别如下：

（1）盾牌。如《韩非子·五蠹》："执干戚舞。"

（2）冒犯、冲犯。如《商君书·定分》："吏不敢以非法遇民，民不敢犯法以干法官也。"

（3）求取。如《荀子·议兵》："皆干赏蹈利之兵也。"

（4）干预、涉及。如《晋书·王衍传》："好干预人事。"

（5）河边、水岸。如《诗经·魏风·伐檀》："置之河之干兮。"

（6）（干支）天干和地支的合称。

（7）与"湿"相对。如《韩非子·外储说左上》："材干则直，涂干则轻。"

从"认干亲"礼俗的本义来看，此处的"干"字应当是义项1、4、7三个义项的复合与引申之意。"认干亲"的主要对象除了"人"之外，还包括有"非人"的选择，如神祇、出家人、动物、石头及大树等。这个选择实际上隐含了"认干亲"礼俗在三个方面的应对倾向：其一，命理注定。按照中国传统的阴阳五行观念，每个新生命的诞生都对应有特定的以干支为主轴的八字坐标，其间匹配不周的缺陷，可以借助"认干亲"借以他人八字坐标的对应优势得以有效化解。其二，传统小农经济的内驱使然。在"人多力量大"的封闭性经济体系中，"认干亲"对于促进可支配有效劳动力的范围扩大与数量增加具有相当的积极效应。这正所谓"二人同心，其利断金，同心之言，其臭如兰"。其三，社会等级秩序的维护。在以"人"为对象的"认干亲"选择中，双方都会以默认的方式遵循"门当户对"原则，意即"认干亲"双方都属于同一阶层人群，不存在社会资本的悬殊差距。由此，传统社会既有的等级秩序以合法的民俗方式获得维系。

（三）剃满月头

在我国，不同时代、不同地方及不同民族的剃满月头习俗不完全一样，但是其中的共同之处都是胎发不能剃光，必须在头顶心或近脑门囟门处保留一撮头发。这样的剃发讲究源于虔诚的民间信仰和先天的血亲人伦。对于前者，人们认为位于头顶心或近脑门囟门处，亦称"顶门"。古人认为，子在母胎，诸窍尚闭，只有脐内气囟为之通气。既生则窍开，口鼻内气，尾闾为之泄气，囟乃渐合，阴阳升降之道也。因此，民间一直把头顶正中的地方，即顶门，视为人的命门所在，那上面成为具有神秘力量的地方。特别是婴儿的命门柔嫩脆弱，极易受到伤害，故在剃胎发时，大多数民族（地区）均在此留发，以保护囟门。否则，婴儿无处藏魂，会给小孩带来灾难，短命、夭亡。故民间有"头上留一绺，活到九十九"的谚语。对于后者，人们认为留住这撮发，保住父母精血，是为了报答父母赐我肤发之恩，故有"孝顺发"之称。这正如我们每个中国人熟悉的古训所言：身体发肤，受之父母，不敢毁伤，孝之始也。①

当然在今天，随着医学的进步与科学的普及，人们现在越来越认识到剃胎毛对新生儿来说并不合适。因为，新生儿头发长得好不好与此并无多大关系，而是与其的生长发育、营养状况及遗传等因素有关。再者，新生儿的皮肤薄、嫩、抵抗力弱，如果理发操作稍有不慎，便极易损伤头皮，引起感染，一旦细菌侵入头发根部破坏了毛囊，不但头发长不好，反而会

---

①叶大兵：《俗海泛舟》，中国文联出版社2000年版，第297—298页。

弄巧成拙，导致脱发。3至6个月的新生儿因为新陈代谢，毛发会自行脱落更换，不用剃胎发。①

（四）满月酒

与满月礼俗仪轨中的其他环节相比，满月酒作为范热内普提出的"通过仪礼"（le schema des rites de passage）的最后环节，其喜庆之情、隆重之意达到极致。喜庆者，一是产妇与新生儿平安度过产后隔离期；二是家有后人、添丁之喜。隆重者，一是当事青年男女由"新婚夫妇"向"为人父母"的身份转变和家族中"新家庭"的最终产生；二是新生儿与家庭（族）其他成员血亲关系，尤其是五服血亲关系的正式建立。如姑、舅、叔、伯、公等。这里，我们引诗一首为例：②

孙儿满月宴

腊月初临寒正峭，孙儿满月宴宾笑。
吾心欲醉眉眼开，总有激情逐浪高。
殷盼来昆有鸿志，显秀门庭祖光耀。
千林异群强中手，挥扬大旗逐大潮。

---

① 刘婷：《坐月子与新生儿护理百事通》，中国纺织出版社2014年版，第291页。
② 张学俭：《心泉吟》，敦煌文艺出版社2013年版，第22页。

第三章 婚姻与婚仪

婚仪是"合法"婚姻的民俗认可,其以神圣、庄严、欢娱、谨慎乃至烦琐的形式,在不同时段由不同参与者对婚姻当事人进行"成人"世界秩序与规范的预演及体验,并最终以"成家"的郑重宣示,实现了婚姻当事人由"未成年人"向"成人"身份的转变,是当事人继诞生之后的再次"新生"。

第一节 婚姻概述

一、婚姻的界定

中国有关婚姻的记载最早出现于《礼记》,其含义主要有四种观点:

(1)婚姻针对婿与妇而言,主要指"夫妇"。《礼记》经解引郑玄注云:"婿曰昏,妻曰姻。"

(2)婚姻指夫妇间的结合关系。郑笺《诗·丰》篇小序云:"昏姻之道,谓嫁娶之礼。"疏云:"其好合之际,谓之昏姻。"陈鹏先生以为:"盖男女以礼嫁娶,因嫁娶而好合,故嫁娶之礼,好合之际,均称为昏姻。"[①]

(3)婚姻指婿与妇的父母而言。如《尔雅》解释"亲"云:"女子之

---

① 陈鹏:《中国婚姻史稿》,中华书局1990年版,第2页。

夫为婿，婿之父为姻，妇之父为昏。"及解释"亲属"云："妇之父曰昏，婿之父曰姻。"①

（4）婚姻指婿妇两家及亲党而言。《说文解字》释"昏"为"妇家"，释"姻"为"婿家"。妇之党为昏兄弟，婿之党为姻兄弟。《婚义》疏引郑注《昏礼》云："女氏称昏，婿氏称姻。"②

四种含义虽然不尽相同，却都是基于男娶女嫁的风俗而产生的，以"共同生活"为目的的社会伦理关系。台湾著名民法学者史尚宽将其"共同生活"的内容概括为三个方面："精神的生活共同（互相亲爱、精神的结合）、性的生活共同（肉的结合）及经济的生活共同（家计共有）。"③这既是婚姻对当事人主观心理状态的要求，也是一直为人们所追求的婚姻在理想层面的含义。

在西方，关于婚姻的最早定义源于古罗马的穆德斯迪努斯（或译为莫蒂斯蒂努斯），他认为："婚姻是一男一女间以终身共同生活为目的之结合关系。"④后继研究者的观点基本无出其右。如英国波·姆·布罗姆特在其《家庭法》中说："至少在英国，婚姻（Marriage或Matrimony）是一男一女订立的彼此具有权利义务的一定法律关系的协议。"⑤再如，美国近现代家庭法学者认为："婚姻是一男一女为了共同的利益而自愿终身结合，互为伴侣，彼此提供性的满足和经济上的帮助，以及生儿育女的契约。"⑥

古语所谓"国之大事，在祀与戎"（《左传·成公十三年》）。但无论是祭祀还是战争，其根本目的都是保证种族的安全和繁衍，婚姻无疑是这一目的有效实现的根本。对此，费孝通先生在《乡土中国生育制度》中

---

① 《十三经注疏》，第2592页。
② 王文锦：《礼记译解》（下卷），中华书局2001年版，第913页。
③ 史尚宽：《亲属法论》，中国政法大学出版社2003年版，第78页。
④ 罗鼎：《亲属法纲要》，大东书局1946版，第63页。
⑤ [英]波·姆·布罗姆特：《婚姻种类及其合法性实质》，《思想战线》1988年第12期。
⑥ 李薇菡：《婚姻家庭学》，华南理工大学出版社2007年版，第2页。

有着准确表述：婚姻制度的意义，在于它是人类种族绵延的保障，因为它既是合法生育的必要形式，同时也确立了双系抚养的模式，即一男一女合法地生育子女，并以约定永久共处的方式将子女抚养长大，又系抚养和保障性关系和生育的合法性构成婚姻制度的重要性所在。[1] 因此，婚姻是氏族社会生活中至关重要的大事，需要通过卜卦来贞问吉凶，并取得合法化的依据。在西方的古代社会，要使婚姻合法，也"必须经过占卜的隆重典礼"[2]。

今天，从我国现行的法律角度来看，婚姻是基于两性差异，以性结合为其主要特征，同时得到法律或风俗承认的男女结合关系。按照现代婚姻的缔结法理，婚姻有两种结合方式，一是异性间的结合，二是同性间的结合。其中，前者是主流，广泛存在于世界各个国家和地区。后者虽非常态，但随着同性权利运动和人权运动的发展，以及世界对同性恋者态度的愈加包容而逐步进入人们日常生活的视野。荷兰率先在 2001 年 4 月立法（《开放婚姻法》）将同性婚姻完全纳入婚姻关系的范畴之后，比利时、西班牙、芬兰、德国、法国、英国、美国与加拿大等一些欧美国家也相继出台相关司法文件，通过同性婚姻与民事结合的方式将其逐步纳入其司法认可的模式当中。保护同性恋权益于现今欧美诸多国家被视为如同反对歧视少数族裔一样的绝对的"政治正确"。

这里，我们出于研究与表述的严谨，我们所论及的"婚姻"仅限于传统婚姻语境下"一个男人和一个女人"间的法律或风俗承认的男女两性结合关系。

---

[1] 费孝通：《乡土中国生育制度》，北京大学出版社1998年版，第166页。
[2] ［意］维柯：《新科学》，朱光潜译，人民文学出版社1986年版，第282页。

二、婚姻的本质

（一）宗教神圣说

即婚姻是神意的表现。从宗教的角度来看，基督教的教义认为结婚是神圣的，是上帝设立的。根据圣经《创世纪》记载，上帝在造完人类始祖亚当以后，认为他"独居不好"，便从他的身上取出一根肋骨，为他造了伴侣夏娃，这就是人类婚姻的开始。因此，男女之间的结合是由上帝决定的，是神的意志的表现，它不是由凡人而是由上帝建立和保留下来的规定，因此是一种神圣和至高无上的制度。伊斯兰教认为，婚姻是具有美德和人类社会的需要，它是对人类生存繁衍的一项神圣的承诺，也是一项宗教的积极义务。与一个穆斯林结了婚，那他就完成了一半宗教使命。因为，男婚女嫁是"真主明命"。《古兰经》说："你们中未婚的男女，和你们中善良的奴婢，你们应当使他们互相配合。""真主以你们的同类做你们的妻子，创造儿孙。"

（二）社会关系说

社会学通常认为婚姻是为当时社会制度所确认的，男女两性互为配偶的结合。通俗地讲，婚姻是指男女经过正式礼仪而形成的夫妇关系。正如美国社会学家欧内斯特·伯吉斯（Ernest W. Watson）及其合作者对婚姻所持的观点[1]：动物求偶，而人结婚。其意义不同是简单而明了的。求偶是生物性的，而婚姻是社会和文化的。婚姻是指一种仪式，一种被社会认可的结合，一种一旦进入就要对社会承担责任的关系……婚姻还可能被解释为一种一个或数个男人和一个或数个女人出于某种愿望的被社会认可的联合，他们将分别扮演丈夫和妻子的角色。该学说隐含三层内容：第一，婚姻家庭是人类社会发展到一定阶段出现的两性和血缘关系的社会形式。从

---

[1] J.罗斯·埃什尔曼：《家庭导论》，中国社会科学出版社1991年版，第79页。

传统的社会学理论来讲,婚姻是为当时的社会制度所确认的,男女两性互为配偶的结合,同性结合不称其为婚姻;而现代社会学理论则不排除同性婚姻关系。第二,婚姻是双方具有夫妻身份的结合,其中具有两性关系的姘居、通奸等不称其为婚姻。第三,婚姻必须为当时社会制度所认可,否则即使双方长期共同生活在一起,也不能称其为婚姻。

(三)法学契约说

婚姻是一男一女为了共同的利益自愿终身结合,互为伴侣,彼此提供性的满足和经济上的帮助以及生育子女的契约。恩格斯在《家庭、私有制和国家的起源》一书中明确指出:"婚姻是一种契约,是一种法律行为,而且是一种最重要的法律行为,因为它就两个人终身的肉体和精神的问题做出规定。"[1]康德认为婚姻是一种要式民事契约,是男女处于平等地位所缔结的协议。[2]此说随即被西方诸国的立法所采纳。1791年法国革命宪法第二章第7条宣言,法律视婚姻不过民事契约,确立民事的婚姻之制度。《拿破仑民法典》第144条、第147条均有缔结婚姻用语,同时第146条并规定"无合意即无婚姻",故一般民事上婚姻,皆认为契约。契约即意味着婚姻双方存在财产和人身方面的权利和义务关系。我国人类学者童恩正认为婚姻的内容"是两个或两个以上的男女之间建立的为社会所公认的性和经济的联合,使其产生的后代合法化,同时在丈夫和妻子之间肯定一种相互的权利和义务"[3]。

(四)伦理价值说

作为一个社会制度术语,婚姻不但体现着一定社会的法律精神,而且更传达着一种社会伦理关系,坚持婚姻对社会道德规范的尊重与弘扬。黑格尔(G.W.F.HeGel)在《法哲学原理》指出:"婚姻实质上是伦理关

---

[1] 恩格斯:《家庭、私有制和国家的起源》,人民出版社2012年版,第91页。
[2] 《中国大百科全书·法学卷》,中国大百科全书出版社1984年版,第292页。
[3] 童恩正:《文化人类学》,上海人民出版社1989版,第135页。

系。"①"婚姻只有成为法的意义上的伦理的爱,才能消除一切在婚姻关系中所存在的不稳定的主观性因素。"②意即只有通过并践行婚姻的伦理性,才能将婚姻中具有主观意志的感情即爱情和具有自然本能的性关系行为,涤荡升华为具有价值与意义的社会行为,婚姻的神圣性或神圣的婚姻由此而生。

（五）社会生产说

婚姻既有其自然属性,即其赖以形成两性结合和血缘联系的自然条件及内在的自然规律,更有其与特定社会背景和条件紧密联系的社会属性即本质属性。作为社会关系的一种特殊形式,人类通过婚姻借以生物本能在进行自我物种繁衍的同时,也以社会实践的方式进行着劳动力的自我再生产。人的这两种生产与再生产,在人的日常生活中集中以婚姻习俗的方式表现出来。正如马林诺夫斯基在《文化论》中所指出的那样:"婚姻风俗是一种依传统力量而使社区分子遵守的标准化的行为方式。在这种方式中,我们可以见到真正驱使着人类性欲的不是'自然'的生理冲动,而是传统所支配下的命令进入人们意识中的方式。"③

三、婚姻的形式

婚姻的形成受制于特定生产关系,是依据婚配者所处地区及时代的法律和道德规范构建起来的,被社会赞成并保护的一种配偶方式,通常涉及"一个男人和一个女人"之间的性行为和经济上的合作。婚姻克服了两性关系的随意性及由此衍生的混乱性,是人类社会发展进步的表征。

（1）乱婚。又被称之为群婚。是谢苗诺夫所谓的"非规范性关系",也即摩尔根所谓的血婚甚至更早的原始性行为。实际上乱婚不应该算作婚姻制度,两性的结合没有明确的社会约束和限制。《吕氏春秋·恃君览第八》

---

①②黑格尔:《法哲学原理》,范扬、张企泰译,商务印书馆1981年版,第177页、第91页。
③[英]马林诺夫斯基:《文化论》,费孝通等译,中国民间文艺出版社1987年版,第58页。

中记载:"昔太古尝无君矣,其民聚生群处,知母不知父,无亲戚、兄弟、夫妻、男女之别,无上下、长幼之道。"①

(2)血婚制。又被称为班辈婚、集团内群婚,是在无序、随意杂交婚基础上的进步。其特征是排除父女、母子间的性交关系,即若干兄弟和若干姊妹相互集体通婚,在古代普遍流行过。中国古代妇女结婚后称公婆为"姑舅",是这个制度存在过的证明。现存的马来式亲属制也是证据。恩格斯曾经指出:"这种家庭(婚姻)的典型形式,应该是一对配偶的子孙中每一代都互为兄弟姊妹,正因为如此,也互为夫妻。"②

(3)普那路亚婚制。又被称为氏族外(集团外)群婚,或伙婚制,是在血婚制基础上的进步。其特征是人类在排除了父女、母子间的婚姻后,又进一步排除了兄弟、姊妹间的婚姻。即若干姊妹是他们彼此丈夫的共同配偶,若干兄弟是他们彼此妻子的共同配偶。它建立了土兰尼亚式亲属制度和加诺万尼亚式亲属制度。氏族外婚制极大地促进了人类的成长,它破除了内婚制的近血缘杂交的弊病,体现了优生学的原理。恩格斯同意摩尔根的观点:"没有血缘亲属关系的氏族之间的婚姻,创造出在体质上和智力上都更强健的人种;两个正在进步的部落混合在一起了,新生一代的颅骨和脑髓便自然地扩大到综合了两个部落的才能的程度。"③

(4)偶婚制。该婚姻形式是群婚制向个体婚制过渡的初级阶段。即一男一女按照婚姻形式结成配偶,但是不排斥与外人同居。双方都可以随意离婚或分居。婚姻关系只有在双方愿意的期间才维持有效。对偶婚大体包括走婚、不落夫家、从妻居、从夫居等不同形式。偶婚制家庭的不稳定性是由其婚姻关系的基础决定的,这种婚姻关系不是以感情为基础,而是"以方便和需要为基础"④,婚姻可以根据夫妇任何一方的意愿解散,而

---

① 张双棣等译注:《吕氏春秋》,中华书局2007年版,第203页。
② 《马克思恩格斯文集》(第4卷),人民出版社2009年版,第48页。
③ 《马克思恩格斯文集》(第4卷),人民出版社2009年版,第58页。
④ 马克思:《摩尔根〈古代社会〉一书摘要》,人民出版社1978年版,第31页。

子女依然属于母方。

（5）一夫一妻制。又称为专偶制。一夫一妻制是指一名男性与一名女性结为夫妻的婚姻制度，双方同时只有一名配偶，是迄今为止人类家庭史上最高级的家庭形态和现时世界上最多国家奉行的婚姻制度。其产生根源于两个方面，一是人类自身"种的繁衍"本能性对以"性禁忌"为特征的自然选择的接受。二是社会生产发展所导致的剩余劳动产品的大量出现，以及由此而产生的财产私有化和继承。对此，恩格斯指出："它绝不是个人性爱的结果，它同个人性爱绝对没有关系，因为婚姻和以前一样仍然是权衡利害的婚姻。专偶制是不以自然条件为基础，而以经济条件为基础，即以私有制对原始自然产生的公有制的胜利为基础的第一个家庭形式。丈夫在家庭中居于统治地位，以及生育只可能是他自己的并且应当能继承他的财产的子女，——这就是希腊坦率宣布的个体婚制的唯一目的。"[①]

与偶婚制婚姻相比，一夫一妻制婚姻具有三个显著特点：

①稳固性。即婚姻关系的产生与结束都必须经过法律、习俗等规范的约束。恩格斯曾指出："一夫一妻制家庭和对偶婚不同的地方，就在于婚姻关系要坚固得多，这种关系现在已不能由双方任意解除了。"[②]是人类历史上"最伟大的道德进步"[③]。

②个体性。即一夫一妻制婚姻的婚姻生活是一种个人行为，通婚是以个人为单位的，而不是集体行为或以某种集团组织为单位的。人类历史上的乱婚、血缘群婚和族外群婚都是集体通婚，男女之间都没有独占的权力。一夫一妻制婚姻成为具有"完整意义"的个体婚。

③内容的丰富性。一夫一妻制婚姻双方不仅具有单一的生物学意义上的配偶关系，而且还具有社会学意义上共同的生产及生活等活动，尤其是婚姻双方都必须承担明确的责任与义务。

---
①《马克思恩格斯选集》（第4卷），人民出版社1995年版，第63页。
②③《马克思恩格斯选集》（第4卷），人民出版社1972年版，第57页、第65页。

（6）一夫多妻制。此类婚姻形式始于母权制后期，为父权制婚姻形式的特点，是生产资料私有制的产物。最初择妻的范围多限于姊妹，进入阶级社会后，性质改变了，择妻的范围更广。一夫多妻制在世界各地区及各民族文明早期阶段曾经普遍存在。究其本质，它是单方面存在于男性的变相的群婚。如我国古代社会的滕妾制、转房制等。对此，恩格斯指出这"只能算是例外，可以说是历史的奢侈品"，"现在整个东方还是如此；多妻制是富人和权贵人物的特权，多妻主要是用购买女奴隶的方法取得的；人民大众都是过着一夫一妻制的生活"[1]。

（7）一妻多夫制。即一妻多夫制指一个女子同时与几个男子结为夫妻的婚姻形式。尽管该婚姻形式"施行的历史尽管相当久远，但它至今依然存在于喜马拉雅山麓和青藏高原腹区，操藏语的民族被认为是实行该婚俗的'当前世界最大和最为昌盛的社区'"[2]。石泰安论及西藏的婚姻时曾说："最典型的婚姻形式似乎还是一妻多夫制。无论在农业人口中，还是在牧民中，几乎到处通行这一制度，仅仅是在安多未曾出现过。"[3]

学界先前关于一妻多夫制婚姻形式的研究，大多倾向于家庭伦理层面的批判，认为其属于不道德的行为，具体主张包括：

①违背了自由择偶和自主离婚的婚姻伦理原则。[4]

②妇女被当作传宗接代或各种利益牵扯中的工具，受到不公平对待。[5]

③妇女遭受残暴的身体摧残和精神的威权压制，造成身体和精神的双重伤害。[6]

---

[1] 恩格斯：《家庭、私有制和国家的起源》，人民出版社1972年版，第57—58页。
[2] 许韶明：《多维度与重节点——喜马拉雅山麓及青藏高原腹地一妻多夫制婚姻形态的人类学阐释》，《青藏高原论坛》2019年第1期。
[3] 石泰安：《西藏的文明》，秋界译，中国藏学出版社2005年版，第93页。
[4] 马戎：《试论藏族的"一妻多夫"》，《民族研究》2000年第6期。
[5] 星全成：《民主改革前藏族婚姻制度》，《青海民族研究》1997年第1期。
[6] 吴从众：《民主改革前西藏族的婚姻与家庭——兼论农奴制度下存在群婚残余的原因》，《民族研究》1981年第4期。

④对于父亲身份的认定容易导致对子女的不良影响。[①]

⑤西方早期学者认为与其他婚姻类型相比，这种婚姻形式更加"不文明""不自然"和"非常态"。[②]

杨成洲、杨帆（2017）在《反思与超越：传统西藏一妻多夫制婚姻中的伦理议题探究》撰文指出：西藏一妻多夫制是一种基于悠久历史的选择和典型的文化行为，研究者立足"自我道德中心"，以"假想"的道德情境对其进行的审视偏离了西藏特有的社会、经济与文化背景，有失公允。费孝通先生主张的"各美其美，美人之美，美美与共，和而不同"之说值得借鉴。对此，两位学者提出我们应当从"人与自然及宗教伦理的互动"、"生存性智慧"逻辑及"道德的普遍性与特殊性"三个维度来理解西藏一妻多夫制婚姻内隐的伦理议题。

此外，平措郎杰（2018）、李靓、范洁、索朗顿珠（2017）等研究者也提出类似主张。

①人与自然及宗教伦理的互动：究于前者，一妻多夫制在客观上降低了西藏的生育总量，舒缓了人口对于环境的压力；究于后者，一妻多夫制与宗教之间实现了以"家庭劳动力供给、寺庙资产获取及僧员补充"为内容的良性互动。

②生存性智慧：一妻多夫制婚姻的产生与西藏独特自然环境、社会结构、宗教信仰等因素是交互杂糅的，是藏族民众千百年来在青藏高原这块人类生存极限地区生活，所积淀下来的一种文化经验与生存智慧，使人和自然环境之间保持了一种高度的协调。另外一方面，藏族人自身也很清楚这种婚制的益处和弊端。

③道德的普遍性与特殊性：以西方文明下的婚姻伦理准则和中国传统的儒家道德伦理、价值观念去评价西藏的一妻多夫制婚姻存在诸多不适。

[①] 坚赞才旦、许韶明：《论青藏高原和南亚一妻多夫制的起源》，《中山大学学报（社会科学版）》2006年第1期。
[②] 欧潮泉：《论藏族的一妻多夫》，《西藏研究》1985年第2期。

正如吕思勉所说："孔子曰：素夷狄行乎夷狄。今之西藏……孔子西行若到吐蕃，必不革其一妻多夫之俗，孔子既不革西藏一妻多夫之制矣。然则夫为妻纲之制，可云天经地义，而推诸西藏乎？准是以推，孔子所言之言，所制之法，何一可推诸无穷者耶？何以故？孔子所言之言，所制之法，皆为一时一地言之制之……"①

（8）同性婚姻。指生理性别或性别认同相同的两个个体之间的婚姻关系。狭义的同性婚姻是指纳入婚姻制度之中，能够获得与异性夫妇相同或近似的配偶权益的同性之间的结合。它打破了传统婚姻制度中关于性别的限制，将婚姻制度中的主体从异性扩大到同性。广义的同性婚姻指同性伴侣在一定领域上受法律认同，因同居事实或履行结婚注册法定程序而依法拥有配偶权益的合意。②

今天，在人们业已形成、认同并践行的传统文化当中，婚姻，尤其是一夫一妻制婚姻是政府与社会极力赞成、保护的一种配偶方式。其中，"一个男人和一个女人"成为传统婚姻的异性生物学基础。生理性别或性别认同相同的两个个体之间的恋爱、婚姻，在相当长的人类社会发展时空中被视为邪恶、犯罪和乱伦。同性恋双方在争取社会认可、法律保护和宗教宽容的婚姻过程中，时常伴随着歧视、污蔑乃至暴力与杀戮。自20世纪晚期，随着人权运动的进一步发展与深化，同性恋与同性婚姻开始不断进入公共领域。2001年4月1日生效的《荷兰民法典》第30条第1款规定："婚姻是异性或同性的两人之间所缔结的契约关系。"正式将同性婚姻纳入了婚姻关系的范畴。随后，法国、美国、加拿大、德国、奥地利、荷兰、比利时、西班牙、南非、挪威、瑞典、葡萄牙、冰岛、阿根廷、丹麦和日本等国家和地区，采用婚姻模式、登记伴侣模式和民事结合模式等，给予了

---

① 张耕华、李永沂：《吕思勉先生年谱长编》，上海古籍出版社2012年版，第223页。
② 黄明涛：《同性婚姻判决的宪法学分析：解读欧伯格菲案的多数意见》，《中国法律评论》2015年第4期。

同性婚姻一定的法律地位，包括同性婚姻双方的权利与义务等。[①]

在我国，现行婚姻法仍然将生育定位为婚姻家庭的基本性能。虽然以公民为单位的夫妻感情因素是婚姻家庭的基本内容，但家庭作为一种国家消费和"产出"基本构成的生育效用和社会生活功能并未减弱或丧失。[②]

（9）冥婚。又称冥契、幽婚、嫁荡婚、虚合婚、鬼婚、配骨、攀阴亲、冥配、亡灵婚等。冥婚的本意是指男女死后结为婚姻，"男女生前未婚，死后由其亲属按婚嫁礼仪寻找配偶，举行婚礼，然后将男女双方的尸骨依夫妇礼仪合葬的一种婚俗"[③]。《周礼·地官·媒氏》中所记载的迁葬与嫁殇是冥婚最基本也是最主要的两种形式，郑玄注："迁葬，谓成人鳏寡，生时非夫妇，死乃嫁之……殇，十九以下，未嫁而死者，生不以礼相合，死而合之。"[④]

冥婚在我国已有3000余年的历史，其源起于殷商，历先秦两汉魏晋南北朝，唐代自宫廷至民间日渐转盛，宋元明清随着贞节观的加强，其愈加盛行，民国之际犹存。新中国成立之后，随着科学的普及与社会主义精神文明建设的逐步深入，该习俗渐趋式微并逐步退出了人们的视野。

关于冥婚形成的根源，姚彦琳（2016）在《中国冥婚习俗研究综述》中指出，宗教文化中"灵魂不灭"观念所衍生出的各种解读始终占据主导地位。《中国民俗通志·婚嫁志》对其进行了具体表述："冥婚这种习俗盛行不衰，主要原因在于灵魂不灭和'无妻不继子，无子不继孙'等封建伦理观念影响所致。此风俗认为：孤魂在阴间没有个家，要受到欺辱；孤坟不能进宗族茔地，会影响日后家族子孙后代的繁衍；而且，男子未婚而亡，是不能过继儿子的，因为不仅没有人继承其财产，也将没有人奉祀其

---

① 丹麦是世界上第一个对同性恋者的结婚权进行保护的国家。1989年，《家庭伴侣法》在丹麦国会全票通过，同居伴侣依据该法可以进行登记，在继承、住房津贴、退休和离婚方而，享有与异性婚姻相同的权利。此后，挪威于1993年、瑞典于1994年也通过了相似的法案。
② 舒国滢：《法理学导论》，北京大学出版社2012年版，第12—13页。
③ 齐涛：《中国民俗通志·婚嫁志》，山东教育出版社2005年版，第429页、第430页。
④ 郑玄注、贾公彦疏：《周礼注疏》，上海古籍出版社1993年版，第514页。

灵位。"①

《中国民俗通志·婚嫁志》将冥婚归纳为五种：（1）男女订婚后双双死亡，经双方父母商量后结为鬼夫妻，先举行婚礼，再举行葬礼，将两者的棺木合葬于一穴。（2）订婚后男子死亡，女子到男家与男子的木主牌位拜堂成婚并为其守寡，成为封建礼教的殉葬品。（3）订婚后女子死亡，男方到女方家参加葬礼，并将死者木主牌位请回男家供奉，承认死者为自己的妻子。（4）未定亲女子死亡，女家为其寻一个活的丈夫。（5）双方生前并没有婚约，死后由父母做主，择吉日迁棺合葬而结成鬼亲，是最为常见的一种冥婚。②

关于冥婚的仪式或操作程序，各种史籍、墓志或小说提到冥婚时都会有所涉及。我们可以从马之骕《中国的婚俗》中的描述知其梗概："阴婚的手续，与活人嫁娶大同小异，不过聘礼稍有差别，就是不用实物，而是用五色纸制成各种器具，如房屋衣服车马之类，双方言明通婚，即择吉日，各备棺材一口，发掘男女骨骸，遵礼成殓。结婚之日亦通知双方亲友参加婚礼，并备喜筵款待来宾。在行礼时，鼓乐齐鸣，众亲友簇拥护送女棺到男家坟地，与男棺同时入土安葬，从此这一双男女，便在阴间成为夫妇，两家活人从此也就成了姻亲。"③

客观讲，冥婚的存在一方面反映了人们对婚姻的重视，另一方面也是寄托了生者对逝者的无限哀怜和深切的怀念，是生者宣泄苦痛情感的一种习俗方式。当然，其间也不能排除封建迷信这一习俗的助推。同时，我们也应高度警惕借以冥婚而非法牟利的犯罪行为。

此外，随着我国经济社会改革与发展的进一步深化，以及互联网时代的到来，婚姻形式也出现了更多的变化，如闪婚、网婚等。这里，我们不一而论。

---

① 齐涛：《中国民俗通志·婚嫁志》，山东教育出版社2005年版，第429—430页。
② 齐涛：《中国民俗通志·婚嫁志》，山东教育出版社2005年版，第430—431页。
③ 马之骕：《中国的婚俗》，岳麓出版社1988年版，第160—161页。

第二节　婚仪

一、婚仪的界定

婚仪即结婚的礼节仪式，是人们清醒于现实世界的奇正多变，立足婚姻家庭的圆满安康，而依据一定的文化传统将一系列具有象征意义的行为或活动集中起来分阶段实施的设计与安排。它是维系本民族传统和传承的重要纽带，是一项参与极性强的社会活动。

婚仪包括婚姻的形式要件和实质要件两个部分。其中，前者是指结婚的礼仪形式与程序，后者是指姻亲双方必须具备的社会条件。作为促成两性结合的民间习惯法，婚仪如其他所有习俗一样，并非先天之物，而是人在其自身由野蛮向文明、蒙昧向有知的社会进化中，逐渐摆脱自然婚姻形态并过渡到社会婚姻形态时渐趋产生的。世界不同人群生存状态与进化路径的不一，决定了蕴含婚仪的文化传统的多元与多样。由此，不同文化群落的婚仪设计与安排就呈现出较为鲜明的个性或非同一性。从学理上讲，人类早期的婚姻形态，从乱婚到血亲群婚，再到氏族婚和对偶婚，因其较为突出的原始冲动和非专一的两性关系，以及由此所致的人种的脆弱、人伦的混乱和物权的模糊，使得此类婚姻形态的方式选择与后世所恪守的、彰显文明进步的婚仪之间相去甚远，尤其是作为习俗应有的普遍社会性意义明显匮乏。因此，基于探讨的严谨，本书所论婚仪仅限于一夫一妻制婚姻形态下，媒聘婚（男娶女嫁）中的汉族礼仪。

二、婚仪的本质

仪式（ritual）即典礼秩序形式，其本意是指手段与目的并非直接相关的一套标准化行为。仪式通常是由一系列象征符号、动作、流程等构成，具有较为鲜明的象征性、表演性和文化差异性。其本质是"在特定群体或文化中沟通、过渡、强化秩序及整合社会的方式。"①

关于仪式的功能，学者们各有评说。法国社会学家埃米尔·迪尔凯姆（émile Durkheim）通过对宗教仪式的研究后认为，仪式的功能在于使共同体继续维持下去，重新加强社会成员个人从属于社会集体的观念，使人们保持信仰和信心。因此，仪式是一种手段，社会集体通过这一手段来定期地重新肯定自身。②

作为婚姻缔结的设计与安排，婚仪通过一系列烦琐，甚至冗长的规定行为，将其本质体现在两个方面：一是将本无血亲关系的男女个体及其两个家庭或家族，自然而紧密地结合为一个大家庭或大家族，实现不同人群间的融合。所以，在传统社会中，基于婚姻家庭建立起来的血缘亲属关系，它不仅仅决定了这一个社会单元的基本社会结构，也决定着其生活方式和文化生活。③二是向社会其他群体（包括已婚群体和未婚群体）展示既定社会秩序构建与维护的基本规则，从而在更广泛的全社会意义上达成共识，形成信仰。"因此，在古代社会，结婚仪式在礼俗与法律上均具有十分重要的价值，是区分'礼合'还是'野合'，'文明'还是'野蛮'的标志。"④

三、婚仪的特征

（一）民族性

即受文化传统的影响，不同民族间在婚仪的外在形式与内在主旨间所表现出的差异性。我国海南黎族传统"婚礼以牛为重，黎酒、槟榔、吉贝等物佐之，作为聘礼的牛送得越多，意味女性的身价越高，男方的诚意越足"⑤。

---

①郭于华：《仪式与社会变迁》，社会科学文献出版社2000年版，第1页。
②吕大吉：《西方宗教学说史》，中国社会科学出版社1994年版，第740页。
③骆桂花：《甘青宁回族女性传统社会文化变迁研究》，民族出版社2007年版，第76页。
④金眉：《论我国事实婚姻制度之完善》，《南京社会科学》2017年第10期。
⑤李露露：《清代黎族风俗的画卷—〈琼州海黎图〉》，《东南文化》2001年第4期。

清《续新齐谐·京中新婚》记载了当时北京满族的婚仪概况："京里新婚大不同,轿儿抬进洞房中,硬弓对脸先三箭,大饺蒸来酒一盅,秤杆一挑休作揖,红毡四裹不通风,明朝天地祖宗灶,拜得腰疼是阿公。"[1]

在云南纳西族的正式结婚礼仪中,先是由东巴(祭祀)吹响螺号,在鼓乐声中吟诵用象形文字书写的东巴经《迎素神》。新人跪在素神祭坛前,将竹篓中的神箭和神塔取出递给新郎,将神梯和拴住素神的羊毛线递给新娘。新娘要将神梯牢牢地用线拴在新郎手中的箭上,然后放回篓内。通过这一程序,新娘的生命和灵魂已经与新郎紧密地联系起来,他们的婚姻即被社会所认可。东巴用古老的曲调咏诵《神药来经历》,手捧酒碗,用柏树枝蘸酒先后在素神竹篓、火塘、正房中柱等处及新郎新娘身上点"药",以娱素神[2]、灶神,同时为新人祈求健康长寿、家宅平安。接着东巴祭司诵《点酥油经》,同时给素神的每件象征物、火塘、中柱、新人的额头上都抹上一点酥油。这一程序纳西语称"罢麻罢",意为祝愿新人吉祥如意、家道兴旺、幸福长久。"罢麻罢"完成以后,东巴将一升米和一把铜锁放到新娘面前,诵读《向素神求富贵》的经文,然后让新娘将米倒回粮仓。这样,新娘在素神的保佑下,将为新的家庭创造财富,并增强家庭内部的凝聚力。最后,新郎新娘要互敬点心,用竹筷将糯米粑粑、瓜果蜜饯等送到对方口中,众人在旁为新人祝福、唱歌。[3]

(二)时代性

即同一民族的婚仪会随着社会时代的变迁而发生改变。陕北历史上曾是中原农耕文明与北方游牧文明激烈碰撞融合的大舞台,也是中华版域内

---

[1] 张晓蓓:《论清代婚姻制度的民族性》,《西南民族学院学报(哲学社会科学版)》2000年第11期。
[2] "素"是纳西族信奉的一种神灵,保佑家宅安泰,给家庭带来吉祥,所以称为"家神";"素"神又与家庭的繁荣及每个家庭成员的生命、灵魂有着紧密的联系,故又称之为"生命神"。
[3] 郭大烈、杨一红:《纳西族母语和东巴文化传承读本纳西族东巴古籍选读》,云南大学出版社2006年版,第175—176页。

东西方文化的重要交汇点之一。因此，陕北传统婚俗在继承中原传统婚俗的基础上亦形成了一套多元化的、独具地域特色的婚姻习俗。

民国前，陕北传统婚姻习俗极力以"六礼"为准，异常烦琐，以至于"六礼"成为衡量人们社会地位的一把标尺。结果，在婚姻中追求铺排、张扬之风盛行且愈演愈烈而历久不衰。边区政府成立以后，极力倡导民众改变过去种种婚姻陋俗，简化婚姻程序。传统"六礼"从这一时期开始发生较大改变，得到极大简化，以往诸多程序大多被浓缩在"喝定亲酒"与"婚嫁"这两个环节当中，其在整个婚姻缔结过程中备受重视，婚姻双方会在喝"定亲酒"的过程中谈妥一切事情，从而正式确定两家姻亲关系，嫁娶仪式举行完成后即标志着整个婚姻缔结过程的基本完结，这两个环节在具体操作过程中一般也比较热烈隆重，其他程序则多为礼节上的象征而已，传统婚姻程序得到极大简化。[1]

杨庆毓（2010）撰文在《大理坝区白族婚礼的当代变迁及影响》写到，随着大理白族生活水平的提高，当代大理坝区白族婚礼呈现出明显的城市化趋势，其主要表现在五个方面：1. 婚宴：节俭环保的传统习惯与排场丰盛并行不悖。2. 新房：民族风格与现代需求结合。3. 迎娶：传统热闹与现代便捷结合。4. 嫁妆：种类增多、需求层次上升。一是传统要件与现代家电结合，二是嫁妆重于彩礼。5. 新婚服饰：民族传统与现代时尚结合。

（三）地区性

即婚仪在不同地区间所存在的差异。我国幅员辽阔，民族众多。不同地理单元区域间的婚仪也表现出诸般不同。蒙古族由于地域广阔，在婚俗上就体现出"千里不同风，百里不同俗"的景况。[2] 如被列入国家级非物质文化遗产保护名录的鄂尔多斯婚礼、阿鲁科尔沁婚礼、西乌珠穆沁婚礼

---

[1] 张元：《民国时期陕北婚姻习俗变革研究》，延安大学2010年硕士学位论文，第18—19页。
[2] 张晓蓓：《论清代婚姻制度的民族性》，《西南民族学院学报（哲学社会科学版）》2000年第11期。

和前郭尔罗斯婚礼。（国发〔2008〕19号）

再如，婚仪在中西方之间也存在差异。郭继科（2014）撰文对此进行了较为详细的比较：

（1）色彩差异。中国传统婚礼倾向红色，西方则倾向于白色。

（2）音乐差异。中国传统婚礼音乐注重欢快祥和，喜庆热闹。常用的音乐是《喜乐年华》《喜洋洋》《步步高》《金蛇狂舞》《百鸟朝凤》《好日子》等。在民族乐器选择上，主要乐器是锣、鼓及唢呐等。西方婚礼注重庄严、神圣和浪漫。《婚礼进行曲》是西方婚礼的经典曲目，它能够起到震慑全场的庄严效果，表现出婚礼的庄重和圣洁。在乐器选择上，大多是萨克斯、大提琴、管风琴、长号、小提琴等。

（3）婚礼场所差异。中国传统婚礼都是在新郎家中举办的。西方的传统婚礼基本上是在教堂举行的。

（4）婚俗禁忌差异。中国传统婚俗中从"六礼"到婚后"回门"都有很多的禁忌，比如在议婚时，忌讳在亲事没有正式确定时四处张扬，纳采时忌用死物，忌讳男女双方在婚龄和生肖上相克，"请期"时要忌讳某些年、月、日。比如禁忌"寡年"（没有立春日的年份）、长辈去世的年份，忌讳单月、忌讳含4、7的月份和日子等。送亲过程中有"送爹不送妈""姑不娶、姨不送、舅妈送、一场病"等说法。迎娶整个过程中新娘不能着地，红盖头不能掀开等习俗。甚至在婚后"回门"也会有许多禁忌，比如原则上新婚夫妇不能在女方家中留宿。在"回门"的时日选择上，规定必须严格遵守往来之序。西方婚仪中，大多禁忌都和宗教信仰有关，比如因为"13"这个数字和"星期五"在基督教中并不吉利，所以在整个婚仪中会避开它们。

第三节　传统婚仪的构成与教化

我国古代的婚姻礼制，以"义"而起，因"仪"而明。因为"昏礼者，万世之始也",其合二姓之好,事宗庙,继后世,君子重之。有悖婚姻礼制的两性结合,会被贬损为"私诱"或"淫荡",其夫妻关系也不为社会所承认。因此,婚姻礼制不得不慎,乃至繁杂。"而婚姻仪注之最要者,实为六礼。"① 作为后世及今的婚姻习俗定制,"六礼"发端于西周初年,成型于先秦之际,完备记述见之于《礼记·婚仪》和《仪礼·士昏礼》。"六礼备谓之聘,六礼不备谓之奔。"② "六礼"在两千多年的历史沉浮中,始终如一地作用于我国古代的婚姻生活,无论其规范怎样删改,均以宗法制度和伦理纲常为皈依。③

一、纳采

即纳其采择之礼,俗称"求亲",又叫"敲门""言定",是指男方请媒氏携礼物到女方家提亲,表示联姻的意图,请对方斟酌采纳。《宋史·礼志十八》载:"宋朝之制,诸王聘礼,赐女家白金万两。敲门,用羊二十口,酒二十壶,彩四十匹。"注云:"敲门,即古之纳采。"又叫"言定"。朱熹《家礼》卷三:"纳采,纳其采择之礼,即今世俗所谓言定也。"司马光《书仪》中亦说:"必先使媒氏往来通言,俟女氏许之,然后遣使者纳采。"

其间,"纳采"隐含了两层内容:一是"纳采"的媒介,二是"纳采"的内容。

(一)"纳采"的媒介

1. 父母之命

"父母之命,媒妁之言"是我国古代合法婚姻建立的前提。其中,"父母之命"的主旨是大约源于周代的尊长主婚制。《春秋公羊传·僖公十四年》载:男子不亲求,女子不亲许。《礼记·士昏礼》载:宗子无父,母命之;

---

① ② 杨天宇:《礼记译注》(下),上海古籍出版社2004年版,第815页。
③ 王歌雅:《中国婚姻伦理嬗变研究》,黑龙江大学2006年博士学位论文,第135页。

亲皆没，己躬命之；支子则称其宗，弟则称其兄。又《诗经》载：娶妻之如何，必告父母；娶妻之如何，匪媒不得。男女双方未经父母之命、媒妁之言，私相结合，以夫妻身份相待的婚姻形态被蔑称为"野合"，不具有社会认可的婚姻效力。对此，《孟子·滕文公下》将其定性为：不待父母之命，媒妁之言，钻穴隙相窥，逾墙相从，则父母国人皆贱之。《唐律·户婚》规定：诸卑幼在外尊长后为定婚，而卑幼自娶妻已成，婚如法；未成者从尊长，违者杖一百。

学者陈从兰（2005）将"父母之命"的伦理价值表述为三个方面：一是求媳或选婿。如《左传·宣公六年》载：夏，定王使子服求后于齐。《三国志·关羽传》载：孙权遣使为子索羽女。《国风·摽梅》有云：求我庶士，迨其吉兮。二是提供婚仪所需的物质消费。《曲礼》云：父母存，不许友以死，不有私财。《坊记》载：父母在，不敢有其身，不敢私其财，示民有上下也。因此，婚仪所需的物质消费必须依赖于父母的资助。三是主持婚仪，其目的在于使男女"养廉远耻"，使婿不会自言娶妇。当然，"男女有别"的礼制使得婚仪的主持者一般都是男性。

2. 媒妁之言

《说文解字》对"媒妁"解释为：媒，谋也，谋和两姓者也。妁，酌也，斟酌二姓者也。其中，男为"媒"，女为"妁"。后世之人不分性别而将其统称为"媒妁"。由于"男女杂游，不媒不聘"。（《列子·汤问》）所以，"媒妁"的社会职能就在于"和两姓之好，上以事宗庙，而下以继后嗣"。

"媒"分为官媒和私媒。官媒在古代又被称为媒官、媒氏、媒互人等，是由官府设置，是代表政府行男女婚姻之事的机构，最早出现于西周。《周礼·地官司徒·媒氏》有言："媒氏掌万民之判。"官媒的职责主要体现在八个方面：

（1）登记未婚男女姓名，出生年月，掌握男女婚龄，规定"男三十而娶，女二十而嫁"。

（2）登记再婚妇女为妻者或再婚时携子者，以备其后查询。

（3）仲春之月，组织适婚男女自由选择婚配，而不需要聘娶方式。

（4）对无故不结婚的人予以处罚。

（5）为无夫或无家的男女介绍配偶。

（6）统一聘礼的具体数量，以防止嫁娶时的过度奢侈。

（7）禁止迁葬冥合男女的婚姻方式。

（8）解决夫妻间的纠纷。

私媒是指在民间以给人做媒并取得报酬而生活的人，或者自己有职业和一定的收入而兼职做媒人的人。民间对私媒的称谓有很多，比如媒婆、媒妪、牙婆、红媒、大红媒、月老、红娘等。古时私媒促成的婚姻必须到官媒处登记，接受官媒的监督，才符合国家法律的规定。

"媒妁之言"的社会伦理功能表现在三个方面：

（1）别男女，防淫轶。《礼记·坊记》载："夫礼，坊民所淫，章民之别，使民无嫌，以为民纪者也。故男女无媒不交，无币不相见，恐男女之无别也。"[1]

（2）承父母之命，合二姓之好。事实上，"媒妁"只是衡量、沟通男女双方家庭的中介，而衡量和沟通的内容无非就是男女双方家庭的"父母之命"。因此，"媒妁之言"与"父母之命"是相通和相同的，"媒妁之言"实质上也就是"父母之命"的体现。

（3）贵和、辨义。"贵和"者表现在两个方面：一是合和两家。"礼之用，和为贵。"[2]"阴阳合和而万物生。"[3]因此，民间的私媒以"两誉"为撮合手段，"之男家曰女美，之女家曰男美"，协合沟通不同宗族间的

---

[1] 孙晓：《中国婚姻小史》，光明日报出版社1988年版，第21页。
[2]《论语·学而》，中华书局2015年版，第12页。
[3]《淮南子·天文训》，中华书局1998年版，第24页。

姻亲关系，避免媒妁之言不合所引起的矛盾和尴尬。二是协调婚姻秩序。这个主要体现为上文论及的"官媒"的法定职责。"辨义"者也表现在两个方面：一是循礼遵法进行媒妁中介行为。媒人虽自周代即已产生，但法律做出有关"媒氏"及其嫁娶地位的保护性规定，始见于唐代。《唐律·户婚》："为婚之法，必有行媒。"《唐律·名例》："嫁娶有媒，买卖有保。"对媒人在嫁娶中应承担的责任，法律规定："诸嫁娶违律，祖父母、父母主婚者，独坐主婚，……媒人各减首罪二等。"[①]明、清两代法律，对媒人应承担的责任也做了规定："凡嫁娶违律，……若媒人知情者各减犯人罪一等，不知者不坐。"二是依据尊卑等级地位进行媒妁中介行为。如宋代，媒人有不同的等级。级别不同、服饰不同、民间说合的阶层也不同。《东京梦华录》："其媒人有数等，上等戴盖头，着紫背子，说官亲宫院恩泽；中等戴冠子，黄包髻背子，或只系裙子，把青凉伞儿，皆两人同行。"媒妁等级地位的划分，使媒妁行为体现出尊卑差等，不仅媒妁不得僭越，而且婚姻主体也不得僭越，故婚姻行为体现出宗法等级观念和尊卑等级色彩。

（二）"纳采"的内容

《仪礼·士昏礼》："昏礼有六，五礼用雁，纳采、问名、纳吉、请期、亲迎是也。"这种以雁作为礼物献与女方的礼仪，古人称为"奠雁"之礼。至于何故用"雁"？《仪礼·士昏礼》者认为："用雁为贽者，取其顺阴阳往来者。"《白虎通·嫁娶篇》则曰："用雁者，取其随时南北，不失其节，明不夺女子之时也。又取飞成行止成列也。明嫁娶之礼，长幼有序，不逾越也。又婚礼贽不用死雉，故用雁也。"可见，作为聘礼，雁的寓意深广。

后世纳采礼仪虽然遵循古制，但是礼物却日渐变得丰富起来，而且大

---

① 《唐律疏议》卷十四《户婚》，上海古籍出版社1985年版，第296—297页。

多指向于日常的生活用品和象征吉祥如意的物品。历史记载在明代的时候纳采时需要"陈雁及礼物于厅堂",清代则请媒人"陈仪物于庭,奉书致命,主婚人受书,告庙醴宾"。"庶民纳采,首饰数以四为限。雍正初,定制,汉人纳采成婚,四品以上,绸缎、首饰限八数,食物限十品。五品以下减二,八品以下又减二,军、民䌷绢、果盒亦以四为限。品官婚嫁日,用本官执事,灯六、鼓乐十二人,不及品者,灯四、鼓乐八人。禁糜费,凡官民皆不得用财礼云。"现在的纳采礼物一般包括:金手镯、金耳环等金银首饰,以及衣服和裙子等。① 时代不同,纳采礼物虽有区别,但人们对美满幸福婚姻的希冀却是亘古一致的。

司马光《书仪》说:"夫婚姻,家之大事,其义不可不告。"即纳采前要行告祠堂之礼,把联姻之事郑重察告祖先。关于遣使纳采的时间,司马光在《书仪》中说:"婚礼,自请期以上皆用昕,日出时也。"换言之,六礼之中,除亲迎外,其余五礼都用日出之时。

二、问名

又称之为"系臂"。《仪礼·士昏礼》记载:"宾执雁,请问名;主人许,宾入授。"郑玄注道:"问名者,将归卜其吉凶。"贾公彦疏曰:"问名者,问女之姓氏。"即在女方家长同意议婚后,男方请媒妁问明女子的姓名、生辰及生母的身份(分辨嫡庶),并卜于祖庙以问吉凶,女家复书具告,从而决定联姻与否。后世逐渐将问名的范围扩展到门第、职位、财产以至容貌、健康等多侧面。在通常情况下,"纳采"与"问名"同时举行。如《宋史·礼志》所载:"士庶人婚礼,并问名于纳采礼。"

"问名"礼中的"问"指向于生物学意义上的"同姓不婚"和社会学意义上的"门当户对"两个维度。前者旨在避免人口繁衍的畸形、病态,

---

① 郭继科:《中西方婚俗文化比较研究》,河南大学2014年硕士学位论文,第12页。

后者以防既定社会等级秩序的紊乱。

（一）门当户对[①]

"门当户对"原为建筑学上的和谐美学原理，是指古代民居建筑中大门建筑的两个重要组成部分，是一种用于镇宅的建筑装饰。所谓"门当"原指放置于大门前两旁的一对石礅，俗称门墩，又称为门座、门台等，后因为鼓声宏阔威严，厉如雷霆，人们认为其能辟邪，故民间常用石鼓代"门当"。古时，鼓形的"门当"代表武官的府邸，箱形的"门当"代表文官的宅院。"户对"是指中国古代传统民居中位于门楣上方或门楣两侧的圆柱形木雕或砖雕。由于它位于门户之上且取双数，故称"户对"。一般而言，平民百姓的宅院都是两个"户对"，而达官显贵或豪门富户则有四个"户对"，甚至更多。"户对"形状多为短圆柱形，隐含了人们生殖崇拜中重男丁的观念，意在祈求人气旺盛、香火永续。后来"门当"与"户对"合并为一个复合词，成为古代等级社会衡量男婚女嫁条件相当与否的法定标准。门不当，户不对者，其婚姻就会被当时的礼制所排斥和否定。

历史上最著名的"门当户对"联姻，莫如魏晋时期谢王联姻：谢、王是晋初大族，门当户对使两姓构成了个联姻集团，世代通婚。谢氏自谢鲲、谢衰始，王氏自王祥、王览始，男娶女嫁十世联姻门当户对。士庶之间的通婚会遭到世族阶层的强烈指责。如王满联姻：南齐世族王源把女儿嫁给富商满璋之的儿子。由于满氏的门第士庶已无法确定，故御史中臣沈约上书皇上，建议将王源撤职流放，使"已污之族，永愧于昔辰；方媾之觉，革心于来日"，确保门当户对的通婚格局。[②]

《北史·崔辩传》有载："巨伦，崔辩之子。初，巨伦有姊，明慧有才行，因患眇一目，内外亲族，莫有求者。其家意欲下嫁，巨伦姑，赵国李叔胤之妻，闻而悲感曰：'吾兄盛德，不幸早逝，岂令此女，屈事卑族！'乃为子翼纳之。

[①] 马柯楠：《论中国古代婚姻中"门当户对"的社会学意义》，《法制与社会》2014年第6期。
[②] 程德祺、许冠亭：《婚姻礼俗与性》，天津教育出版社1994年版，第72页。

时人叹其义识。"

"门当户对"在实际践行过程中，表现为四个方面：

1. 官民不婚

官民不婚，意指在任官吏不得与所管辖地区的女性结婚。在中国封建社会历史上，关于官民婚姻的限制始于汉代。《后汉书·蔡邕传》载有"三互法"。就是禁止监临官吏之间缔结婚姻关系。《唐律疏议》载："诸监临之官，娶所监临女为妾者，杖一百；若为亲属娶者，亦如之。其在官非监临者，减一等，女家不坐。即枉法娶人妻妾及女者，以奸论加二等；行求者，各减二等。各离之。"又载："有事之人，或妻若妾，求监临官司曲法判事，娶其妻妾及女者，以奸论加二等。"《宋刑统》卷十四也规定："诸州县官人在任之日，不得共部下百姓交婚，违者虽会赦仍离之。其州上佐以上及县令，于所统属官亦同。其订婚在前，任官居后及三辅内官门阀相当情愿者，并不在此。"依照宋朝的法令，某些有直接上下级关系的官吏之间也不准通婚。

官民不婚的意义有三[①]：（1）防止监临官同地方豪族巨富互相勾结，防范地方割据。（2）防止官吏仗势欺民，擅树王法。（3）维护社会等级制度的有序。

2. 良贱不婚

中国封建时代，依据尊卑等级规范将社会成员分为良人与贱民两类。仅以《唐律》为例，良人的主体是农民，贱民分"官贱"和"私贱"两类。官贱有官奴婢、官户、杂户、工乐及太常音声人等，均隶属官府，私贱有奴婢和部曲两种，是主人的家仆。[②]

在秦汉时期就形成了"良贱不婚"的习惯规范："民而婿婢谓之藏，女而归奴谓之获。"良人如果同贱人通婚，将会做贱民。魏晋南北朝时期，

---

① 孔璋：《官民不婚与封建吏治》，《山东法学》1988年第3期。
② 叶孝信：《中国法制史》，北京大学出版社1989年版，第163页。

良贱不婚的禁忌被以法令的形式固定下来。北魏和平四年（463）曾下了一道禁令："皇族师傅与王公侯伯及士民之家，不得与百工伎巧卑姓为婚，犯者加罪。"太和二年（478）又下了诏书："皇族贵戚及士民之家，不得与非类婚姻。"隋唐时期良贱不婚的法令近乎完备。《唐律·户婚》明文规定："诸与奴娶良人为妻者，徒一年半；女家，减一年，离之。其奴自取者，亦如之。良人娶官户女者，加二等。"其后不同朝代"良贱"的范围不尽相同，但"良贱不婚"的鸿沟却始终不可逾越。正如唐朝著名政治家长孙无忌所言："人各有偶，色类倾同，良贱疏殊，何宜配合。"

良贱不婚的意义就在于以阶层婚姻隔绝的方式，迟滞社会阶层间的人群流动，从而维护社会等级制度的安稳、有序。

3. 奸逃不婚

奸逃不婚包括两种情况：（1）通奸男女禁止结婚；（2）禁止与在逃的女性结婚。无论何者，都与古代社会的纲常伦理不符。因此，属于非法婚姻。《唐律·户婚》规定："诸娶逃亡妇女为妻妾，知情者与同罪，至死者减一等，离之；即无夫，会恩免罪者不离。"《元典章》规定："诸先通奸被断，复娶以为妻妾者，虽有所生男女犹离之。"《明律·户婚》规定："凡娶犯罪逃走妇女为妻妾，知情者与同罪，至死者减一等，离异；不知者不坐。""凡收留人家迷失子女不送官司自留为妻妾子孙者，杖九十，徒二年半。""通奸者男女双方同罪，本夫将妻价卖给奸夫的，奸夫、本夫各杖八十，奸妇离异归宗，财礼没收归官。"

奸逃不婚的意义是以法律惩处和道德谴责的方式，对婚姻秩序的双重维护。

4. 僧道不婚

"僧道以宗教关系，不得娶妻，尼及女冠亦以不嫁为当然，故女子之不嫁或不再嫁者，每遁身庵观以终。"① 僧道之人，既已脱俗出家，就理

---

① 陈顾远：《中国婚姻史》，上海文艺出版社1987年版，第137页。

应恪守教义，主动断绝与尘俗因婚姻而起的伦理关系。僧道不婚在唐代之前只是宗教戒律规范，并非国家意志的要求。唐玄宗开元十九年（731）下诏说："惟彼释道，同归凝寂，各有寺观，自合住持。……如闻远就山林，别为兰若，兼亦聚众，公然往来，或妄托生缘，辄有俗家居止，即宜一切禁断。"[①]宋太祖开宝五年则下诏曰："道士不得畜养妻孥，已有家者，遣出外居止。"金代熙宗之时下诏云：僧尼犯奸并处死。《大元通制·户婚》规定："诸僧道悖教娶妻者，杖六十七，离之，僧道还俗为民，聘财没官。"《大明律·户律》规定："凡僧道娶妻妾者，杖八十，还俗，女家同罪，离异。寺观住持知情与同罪，不知者不坐。若僧道假托亲属或童仆为名求娶，而僧道自占者，以奸论。"《大清律》的规定与《大明律》的规定基本相同。

僧道不婚的意义在于划定并明确世俗社会与宗教社会之间的伦理界限，厘定宗教群体的社会角色及其应尽的角色义务，在皇权一统的情况下保障两个世界——世俗社会与宗教社会间的相安无事。

（二）同姓不婚

同姓不婚，是指作为直系血亲或旁系血亲的婚姻是禁止的。据《魏书·高祖纪》载："夏殷不嫌一姓之婚，周制始绝同姓之娶。""夏殷五世之后则通婚姻，周公制礼，百世不通，所以别于禽兽也。"[②]在古代，违反这一规定者，轻则受到舆论谴责，重则受到法律惩处。唐律规定：同姓为婚者徒二年，同姓又同宗者以奸罪论。明、清律规定：凡同姓为婚者各杖六十，离异。但上古的姓和后世不同。上古时代，同姓必同宗，后世则同姓不一定有血统关系。所以清末《大清现行刑律》删去了这一规定。

在藏北牧区，人们是以"骨系"（rus-pa）来确定通婚的范围。骨系多以父系的血缘来计算，同一骨系的后代属永久禁婚之列，严禁发生性关系，一旦违禁，社会舆论会给予强烈谴责，甚至予以严厉的处罚。人们认为这

---

① 宋敏求：《唐大诏令集》，台湾商务印书馆1986年版，第792页。
② 《魏书·高祖纪》，转引自王歌雅：《中国古代近亲嫁娶禁例略论》，《求是刊》1996年第4期。

种人婚后全身会变黑，成为黑人，影子照到谁谁就会生病，平时不能让这种人坐到自己面前，这种人死了也不能送天葬场，他们生下的孩子会变成傻瓜、长成畸形，还会长尾巴。除人们舆论谴责和歧视外，有的还会受到严厉的处罚，轻者被鞭打一顿，重的用牛皮包裹扔到河里双双淹死。[①]

同姓不婚的意义表现在三个方面：（1）重人伦、防淫轶。"不娶同姓者，重人伦，防淫佚与禽兽同也。"[②] "人所以有姓者何？所以崇恩爱，厚亲亲，远禽兽，别婚姻也。故纪世别类，使生相爱，死相哀，同姓不得相娶，重人伦也。"[③]（2）重种族、防不殖。"同姓不婚，惧不殖也。"[④] "男女同姓，其生不繁。"[⑤] "内官不及同姓，其生不殖。"[⑥] 即，同姓不婚符合人类的优生伦理。（3）扩大政治联姻。禁止同姓成婚，在客观上会促进与异姓之邦的联姻，以此扩大和加强与异姓集团的政治合作及军事联盟。其目的在于扩充势力范围，向一统天下迈进。

有时也有这种情况，由于年代的久远，人们已不清楚婚配双方是否存在亲戚关系，但只要知道过去曾是亲戚关系，不管隔了多少代，人们会自觉遵守禁婚规则。在人们的观念中，近亲通婚是最不吉利的事，会生下畸形儿，会给家庭、社会带来痛苦与无序。

三、纳吉

纳吉礼决定婚姻的成败。纳吉，即男家通过媒人问名后，就须到祖庙上或祖先灵前卜筮。取得吉兆，婚姻之事便可定下来。取得凶兆，婚姻之事告吹。《仪礼·士昏礼》记载："纳吉用雁，如纳采礼。" "卜筮皆于祖庙，未卜时恐有不吉，婚姻不定，故纳吉乃定也。" "归卜于庙得吉兆，

[①] 格勒等：《藏北牧民——那曲地区社会历史调查》，中国藏学出版社1993年版，第209页。
[②] 陈立：《白虎通疏证》，中华书局1994年版，第477页。
[③] 陈立：《白虎通疏证》，中华书局1994年版，第401页。
[④]《国语·晋语》：上海古籍出版社1978年版，第349页。
[⑤] 孔颖达：《春秋左传正义》，中华书局1980年版，第1680页。
[⑥] 孔颖达：《春秋左传正义》，中华书局1980年版，第4024页。

复使使者往告，婚姻之事于是定。"并下聘书，就是定亲书，表示男女双方正式缔结婚约。

《礼记·郊特牲》载："币必诚，辞无不腆，告之以直信。"即是在说婚约的签订必须遵守诚信，否则，婚约不具备执行的效力。

（1）婚约签订之时要诚信。此时的诚信，要求定婚之家要遵循告知的原则。如明、清律均规定："凡男女两家定婚之初，若有残废、老幼、庶出、过房、乞养等，务要两家明白通知，各从所愿，写立婚书，依礼聘娶。"①

（2）婚约签订后要诚信。①不许悔约。婚约签订后，不许反悔，更不许再与他人定婚。否则，要受到伦理谴责和法律惩处。如《唐律·户婚》规定："诸许嫁女，已报婚书或有私约，或但受聘财而辄悔志，杖六十，婚如约。"元代律法规定："诸有女许嫁已报婚书及有私约，或已受聘财而辄悔者，笞三十七，更许他者，笞四十七，后娶知情者减一等，女归前夫。男家悔者，不坐，不返聘财。"② ②不许妄冒。婚约一旦签订，男女两家必须忠实履行。如有妄冒行为，不仅有违婚约伦理规范，而且将受到法律制裁。《唐律·户婚》规定："诸为婚而女家妄冒者，徒一年；男家妄冒加一等。未成者，依本约；已成者，离之。"宋《刑统赋律》说："解曰：按户婚律云，若娶妻嫁女各立婚书，开写嫡庶、长次相谙残疾不为妄冒，如其不然，事发到官，从妄冒科杖一百，男家妄冒者加一等，各离之。歌曰：婚姻本文，开写如镜，嫡长次庶，相谙疾病，两愿成婚，聘财已定，若有争妻，私约已定，婚书已立，各无隐讳，若有妄冒，官断听离，女家辄悔，科罪六十，男家自悔，聘财不返。"

"纳吉"礼表明了古人内心对上天和先祖的尊崇与信任，在畏天敬祖的仪式体验中，凸显婚姻的光明正大、谨慎隆重，表达对上天的好生之德

---

① 郑晓：《今言》，中华书局1984年版，第99页。《大清律例》卷十《户律》，转引自郭丽红《从〈红楼梦〉看清代婚姻家族法律制度》，《太平洋学报》2006年第7期。
② 宋濂：《元史》，中华书局1997年版，第103页。

和先祖荫蔽之恩的感激，期盼家族婚姻能够得到上天的认可和先祖的眷顾。当然，婚姻秩序的稳定与维护也是应有之义。

四、纳征

纳征也称纳币，纳聘，后世称为"下财礼"。征（徵），成也，即纳币以使婚姻有成。《仪礼·士昏礼》曰："纳征，玄纁，束帛，俪皮，如纳吉礼。"男家送彩礼到女家，呈上礼书（礼物清单），正式缔结婚姻。婚约自此成立并具有强制力。即所谓"以聘财为信"。纳征是进入成婚阶段的重要礼仪。

五、请期

请期俗称选日子，是指男家送完聘礼后经过一段时期，男方选择好结婚吉期，备礼到女家，告知娶期，并有商量、征得同意的意思。《仪礼·士昏礼》："请期用雁。主人辞，宾许告期，如纳征礼。主人致辞之后，媒人告以婚期。"婚期一般是通过查黄历或者请人卜卦测算而定下的所谓"黄道吉日"。古诗《孔雀东南飞》中对请期有着很直观的描述，当府君欲娶刘兰芝时："府君得闻之，心中大欢喜；视历复开书，便利此月日；六合正相应，良吉三十日，今已二十七，卿可去成婚。"

六、亲迎

亲迎，俗称"迎亲"，是婚仪六礼中的最后一个环节。即结婚之日，男亲往女家呈上迎亲书，迎娶新娘，行交拜合卺之礼。古人娶妻，亲迎是在黄昏的时候进行，此时太阳即将西下，月亮将要升出，含有"阳往阴来""阴阳交接"的意思。亲迎的礼制规范，充分体现了古人的伦理追求。[1]

（1）亲迎程序体现了宗法制度和祖先崇拜的伦理要求。《礼记·昏义》

---

[1] 王歌雅：《中国婚姻伦理嬗变研究》，黑龙江大学2006年博士学位论文，第135页。

载:"父亲醮子而命之迎。男先于女也。子承命以迎。主人筵几于庙,而拜迎于门外。婿执雁入。揖让升堂。再拜奠雁。盖亲受之于父母也。降出。御妇车,而婿授绥。御轮三周。先俟于门外。妇至,婿揖妇以入。共牢而食,合卺而酳,所以合体,同尊卑,以亲之也。"婿奉父命迎娶新娘,是"父母之命"的体现;主人设宴于庙,婿揖让升堂,是宗法制度和祖先崇拜的体现;共牢合卺,是男尊女卑、三从四德的体现。

(2)亲迎主体显现平权向特权的伦理过渡。最初的亲迎礼,上至君主下至庶人,均要身体力行,以示男先于女之义。后发展为皇帝不亲迎,诸侯、士、庶人均要亲迎。皇帝不亲迎,以示君权至上、臣民低下。在体现君主特权的同时,也体现出君主与臣民的尊卑等级关系。《汉会要》载:"皇太子纳妃奉常迎。"杜氏注曰:"时叔孙通定礼,以天子无亲迎之义,皇太子亦奉常迎也。"这一记载表明,皇太子要亲迎。《政和新议》:"士庶人亲迎如常仪,有故许令媒氏往迎。"

(3)亲迎季节体现崇尚健康和勤俭的伦理追求。古人行亲迎礼,要选择季节和吉时。周代多在春夏之间。"嫁娶必以春者,春,天地交通,万物始生,阴阳交接之时也。"① 选择春夏之间行亲迎礼,是出于生理上的考虑和对健康的崇尚。周以后诸代也有在秋冬进行的。选择秋冬行亲迎礼,是基于经济便利的考虑,也是古人崇尚勤俭美德的体现。即"克勤于邦,克俭于家"②。"御家以四教:勤、俭、恭、恕。"③ "成家之道,曰俭与勤。"④ 秋冬既是农闲之时,又是收获之后,嫁娶所需人力、财力、物力皆比较充分,故"古人嫁娶皆以秋冬"⑤。

---

① 贾公彦:《周礼注疏》,中华书局1980年版,第733页。
② 张绍德:《解读尚书》,齐鲁书社2018年版,第23页。
③ 张锡勤:《中国传统道德举要》,黑龙江出版社2008年版,第230页。
④ 彭立荣:《婚约家庭美德要言》,济南出版社1998年版,第71页。
⑤ 吴诗池、李秀治:《中国人的婚姻观与婚俗》,厦门大学出版社1993年版,第51页。

第四章 传统婚仪的时代演变与教化

近代，随着农耕文明的式微和西方工业文明的强势介入，以及中国传统社会形态向近现代的转变，古代社会的婚仪"六礼"逐渐发生了这样或那样的变化与调整，出现了与"六礼"并非完全一致的时代差异、民族差异，甚至地区差异。其中，"六礼"中的"门当户对"和"同姓不婚"基本被保存下来，"父母之命，媒妁之言"被淡化或边缘化，"适时早婚"被完全放弃。其中，"门当户对"被约定为"相同或相近的生活背景及志趣爱好"，"同姓不婚"体现在《婚姻法》的第7条，结婚年龄则在《婚姻法》的第6条中得到明确限定。今天，古代婚仪"六礼"最终简化为我们非常熟悉而又不失其文化旨趣与乡土气息的"三亲"：相亲（纳采、问名）—定亲（纳吉、纳征和请期）—成亲（亲迎）。但是，古代婚仪"六礼"所蕴含的教化意蕴依然存在，历久弥新。意即婚仪以"亲"为基点，遵循"相亲—定亲—成亲"的渐次路径，寻求家庭以外非血缘关系的"至近至密关系"伦理的建构，促使昔日的"父母膝下之子"转变为今日的"社会庙堂之人"。

第一节 相亲

一、相亲的界定

"相"有两个读音,分别是"xiāng"和"xiàng",二者义项分别如下:

(一)相(xiāng):

(1)交互,行为动作由双方来:互相。相等。相同。相识。相传(chuán)。相符。相继。相间(jiàn)。相形见绌。相得益彰(两者互相配合,更加显出双方的长处)。

(2)动作由一方来而有一定对象的:相信。相烦。相问。

(3)亲自看(是否中意):相亲。相中(zhòng)。

(4)姓。

(二)相(xiàng):

(1)容貌,样子:相貌。照相。凶相。可怜相。

(2)物体的外观:月相。金相。

(3)察看,判断:相面。相术(指观察相貌,预言命运好坏的方术)。

(4)辅助,亦指辅佐的人,古代特指最高的官:辅相。宰相。首相。

(5)某些国家的官名,相当于中央政府的部长。

(6)交流电路中的一个组成部分。

(7)同一物质的某种物理、化学状态:相态。水蒸汽、水、冰是三个相。

(8)作正弦变化的物理量,在某一时刻(或某一位置)的状态可用一个数值来确定,这种数值称"相位"。亦称"相角"。

二者与本文相关的义项有"仔细看,审查"之意。置于婚仪语境中,"相亲"即指达到婚龄的男女青年依据其所认可的通婚圈在媒人的引荐下,找寻婚姻配偶的社会选择,其有多种俗称,如"相门户""相人""探家风""看人家""对看""看亲"等。经媒人约定,并在媒人陪同下,"相亲"的方式可以分为三种:女家相男家、男家相女家和男女两家对相等三种。在我国封建社会,由于礼教的严格约束,女子不便外出抛头露面,所以,相亲大多采用男家相女家的方式进行。清末上海浦西流行的"通脚"习俗却是一种典型的女相男形式。由于"相亲"涉及两个不同的家庭或家族,因此,"相亲"有两项基本内容:一是相人,二是相家,二者可同时进行。

二、相亲的特点

相亲只是"合法"婚姻产生的起始,它与随后的"定亲"和最终的"成亲"之间没有必然的因果关系,所以,它具有"不确定性""风险性"和"隐蔽性"三个明显特点:

(一)相亲的不确定性

1. 不确定性(uncertainty)

不确定性源自人对自身理性能力的反思,其在根本意义上是指事物发展的局限性、阶段性和不完善性。对于不确定性的研究,源起于对新古典经济学基本假设的质疑或者批判。即市场交易的各项信息是否完全、真实?人是否具备充足理性?把不确定性因素引入经济分析,最早可以追溯到弗兰克.H.奈特(Knight.F.H, 1885—1972)在《风险、不确定性与利润》(1921)的论述中。随后,凯恩斯、G.T.intner(1941)等经济学家在"信息不完全、对未来预期不可知"的基础上,都相继研究了不确定性理论,并达成共识,认为不确定性是指经济行为人面临的直接或间接影响经济活动的外生因素和内生因素,无法准确地加以观察、分析和预见。其后,不确定性被广泛使用于诸多学科研究领域,意指事先不能准确知道某个事件或某种决策的结果;或者,只要事件或决策的可能结果不止一种,就会产生不确定性。进入20世纪后,随着"相对论""测不准原理"以及"互补原理"的相继提出,人们先前构建的如此这般的既有世界渐趋瓦解,恍然间认识到原来"不确定性和模糊性是量子世界所固有的,而不仅仅是我们对于它的不完全感知的结果。"[1]在本体论意义上,世界的本质在于它的不确定性。其中,"自然界不是存在着,而是生成着并消逝着"[2]。"承认某些不变的要素、'物的不变的实质'等,并不是唯物主义,而是形而上学的反辩证法的唯物主义。"[3]模糊数学则以其特有的"模糊"逻辑更是证明了我们生活的世界是一个概率世界。正如赫柏林所说那样:"纯粹确定论的描述和纯粹概率论的描述都是理想化的极限。"[4]

不确定性产生的根本原因是人的有限性与世界的无限性之间持续和永恒的紧张。正如弗兰克.H.奈特所强调的,不确定性的产生是由于人类不具有"完全知识",进而不能由经验得到主观概率分布而导致的。

关于"不确定性"产生的原因,我们可以将其划分为两大类:

(1)客观不确定性。即不以人的主观意志为转移而客观存在的不确定性。在自然界和人类社会生产实践中,客观不确定性都大量存在。如自然天气中的风、雷、雨、电等,抛掷硬币落地的朝向,以及同一厂家同一型号产品的使用寿命等。不管人们的主观意愿如何,我们既无法准确控制,也无法准确预测。

(2)主观不确定性。对于同一个客体(事物、事件等),不同的主体,或同一主体在不同的时刻,会得出不尽相同的判断,有时甚至迥然有别,其差异事先难以预见,这种不确定性称为主观不确定性。徐飞(2008)认为主观不确定性的根源,在于人的有限理性和认知模式的差异性。除了每个人遗传基因先天的差别外,人的成长经历、教育背景、价值取向、文化特质、性格气质、生活习俗、决策偏好,都是产生主观不确定性的诱因。特别是,"心智模式",恰如彼得·圣吉(Peter Senge)在《第五项修炼:

---

[1]丁祖豪、陈光国:《论不确定性》,《齐鲁学刊》2004年第1期。
[2]恩格斯:《自然辩证法》,人民出版社1971年版,第13页。
[3]《列宁选集》(第二卷),人民出版社1972年版,第267页。
[4]孙小礼、楼格:《人·自然·社会》,北京大学出版社1988年版,第42页。

学习型组织的艺术与实务》一书中所言，是"隐藏在暗处的顽石"，人们平素习而不察，浑然不觉，它却时时刻刻在发挥影响。正所谓仁者见仁，智者见智。[①]

2. 相亲的不确定性

相亲是一种具有交互性的主观选择或主观期待，依据不确定性原理，相亲概率大小取决于相亲所涉双方，具有的内生性不确定性因素与外生性不确定性因素之间的吻合度或匹配度。其中，外生因素是指相亲双方对未来婚姻关系所处环境的考量，包括居住地域、民族与种族划分及宗教信仰等；内生因素是指对相亲双方自身状况的考量，包括年龄、貌相、人品、健康、性格、学识、谋生技能、财富状况以及婚姻家庭观等。在农耕文明的社会形态下，人们的生产生活因土地资源的不可移动性，而呈现出持续的封闭与静止状态，其身份获取与角色扮演基本上是终身性的稳定，每个家庭及其成员基本上都是"透明人"，其相关信息可以被看作是完全和真实的。"每个孩子都是在人家眼中看着长大的，在孩子眼里周围的人也是从小就看惯的。这是一个'熟悉'的社会，没有'陌生人'的社会。"[②]

王露璐（2020）撰文从"信息"层面对此有更加生活化的表述：熟人社会表明农民之间相互知根知底，每天低头不见抬头见，甚至听到咳嗽声、脚步声和敲门声就能判断对方是谁。人们的信息是透明和对称的，谁都无法保留多少秘密、无法蒙混过关。人们在社会交往中清楚对方怎么行为，会出什么样的牌、说什么样的话。熟人社会压根儿就没有私事、没有隐私，其权力和利益结构也是明确且固定的。[③] 加之，"父母之命，媒妁之言"在农耕社会的权威性，使得相亲双方所具有的内生与外生两类因素间的吻

---

① 徐飞：《不确定性视阈下的战略管理》，《上海交通大学学报（哲学社会科学版）》2008年第5期。
② 费孝通：《乡土中国·生育制度》，北京大学出版社1998年版，第9页。
③ 王露璐：《从"熟人社会"到"熟人社区"——乡村公共道德平台的式微与重建》，《湖北大学学报（哲学社会科学版）》2020年第1期。

合度或匹配度较高，由此决定了该社会阶段的相亲的不确定性较低，确定性较高。

但这一状况因开放性与流动性极强的现代文明的到来而有所变化，人们倾向于在更大的社会空间中，寻求更多的婚姻选择，相亲的不确定性显著增强。如电视相亲、广告相亲、相亲会、网络相亲、公园相亲等。

（1）人类社会生产方式由先前对自然和土地的完全依赖，逐渐转变为对以机器、技术和信息为代表的科技的依赖，土地不再是人们生产生活中的唯一资本。

人们凭借自身所拥有的各种资本，以社会流动、职业分化、阶层变动、血缘地缘淡化等方式，在市场规律的约束下尽其可能地流动于不同的市场区域。由此导致全体社会成员封闭、静止与排他的生产生活方式，渐趋转变为开放、活跃与包容的生产生活方式。跨地区、跨行业、跨民族、跨国籍及跨文化等婚姻不断出现。这个在我国从"传统"到"现代"40余年改革开放社会的转型期表现得尤为突出。对此，邴正、蔡禾等（2018）在《"转型与发展：中国社会建设四十年"笔谈》中将其表述为："改革开放40年来，中国社会流动模式变迁的特点表现为社会结构复杂化、社会分层标准多元化。社会流动的空间不断扩大，社会流动的渠道不断增加，新社会阶层开始出现并成为新中间阶层的主体。"此外，贺雪峰（2013）在《新乡土中国（修订版）》中以"新乡土中国"为立论，对此也有着类似的探讨。

（2）伴随着人类社会由专制型社会向民主型社会的转变，民主、法制、自由、平等理念深入人心，"我"的主体意识、自主意识日益凸显。在自我生活方式的选择上，人们不再简单"听命"他人，受人"摆布"，而是"当家做主"，努力追求科学、文明、健康等多元化生活方式业已成为人们的自觉行动。多元化生活方式主要表现在两个方面：①指与传统社会生活方式相比，现代社会人们的生活观念和生活态度发生了巨大变化，由此使得人们的物质和精神生活方式日渐呈现出多元化样态。②指每一种具体生活方式由于客观社会物质条件及个体或群体的人生价值观、生活理念、需求等的不同而日渐多维度、多层次和多态化。[①] 多元化生活方式的意义则表现在四个方面：第一，哲学意义是尊重并实现人的主体性，在根本上彰显人的存在与尊严；第二，政治学意义是包容社会差异，践行人的价值追求多维度，提高社会治理水平；第三，经济学意义是调整市场供需矛盾，适时改善和着力提高社会民众的生活质量；第四，文化学意义是强化文化反省，坚定文化自信，不断促进文化的传承、融合与创新。

（3）自1978年改革开放以来，经过40余年经济社会的高速发展，我国社会结构经历了巨大变迁，城市化程度在不断提升。城市化水平由1949年的10.64%，增加至2019年的60.60%。[②] 大量人口流入城市，人口密度呈几何级增加，人口的职业异质性和多元性大大增强。不断发展的城市社会生活对既有的传统社会生活构成了极大的冲击。

逻辑与实践证明，影响相亲的因素愈多，那么相亲成功的概率也就愈低，不确定性也就愈强。当然从根本意义上讲，相亲的不确定性的增强是社会文明的进步。此外，不便言说或说不清楚而当事人坚守的某种情感直觉，也是相亲概率中不可忽视的重要因素。那种撇开万般因素考量，而一心执着的单相思和一见钟情即为此类。

（二）相亲的风险性

1. 风险性（Risk）

（1）概念

"风险"英文为"Risk"，其词根为意大利语"Risco"，其含义是Rips，含有暗礁（reef）或礁石（rock）。《现代汉语词典》对风险的解释是：可能发生的危险，危险就是不安全，遭到损失或失败的可能。《辞海》

[①] 李海、张艳萍：《生活方式多元化对高校德育的挑战及对策》，《中国特色社会主义研究》2011年第4期。
[②] 国家统计局：《中华人民共和国2019年国民经济和社会发展统计公报》http://www.stats.gov.cn/tjsj/zxfb/202002/t20200228_1728913.html

对风险的解释是：人们在生产建设和日常生活中遭遇能导致人身伤害、财产损失及其他经济损失的自然灾害、意外事故和其他不测事件的可能性。风险具有客观性、普遍性、必然性、可识别性、可控性、损失性、不确定性和社会性。

人类社会是一个处处、时时充满"风险"的社会，风险已然成为人们日常生产生活中必须经常面对的重要事务。无论社会生活的形式与内容如何丰富，但其在显示"强大"外象的同时，又"矛盾"地呈现出非常"脆弱"的一面。因此，"风险"概念的发明体现人们面向未来、趋利避害的一种积极冒险精神，它彰显了人类的一种主动认识世界和改造世界的主体性，而这也恰恰包含了韦伯所说的一种资本主义精神。

事实上，学界关于风险概念的界定始终存在技术取向和文化取向两种分歧：① 技术取向将风险看作客观给予的，由物理事实所决定，是一种与主观价值相分离的客观事实。其代表人物主要是斯塔尔和惠普尔等人。文化取向将风险视为独立于物理事实的一种社会建构物，是一种与主观价值（道德、世界观、行为模式等）紧密相连的社会文化现象。突出强调在风险形成、评估等过程中价值判断、道德信念等所起的重要作用。其代表人物是道格拉斯（Douglas）和怀尔达沃斯基（Wildavsky）等人。

正如罗萨（Rosa）所言："虽然关于风险主题的研究文献仍然在快速增长，但事实上很明显人们对于风险意味着什么很少取得一致。"② 奥尔索斯（Althaus）从不同学科的角度总结了风险的理解③：科学把风险看成是一种客观现实；人类学把风险看成是一种文化现象；社会学把风险看成是一种社会现象；经济学把风险看成是一种决策现象；心理学把风险看成是一种行为和认知现象；艺术（包括音乐、诗歌、戏剧等）把风险看成是一种情感现象；历史学把风险看成是一种讲述（story）。

---

①②③伍麟：《风险概念的哲学理路》，《哲学动态》2011年第7期。

埃文（Aven）和雷恩（Renn）总结了十种风险的定义[①]：①风险等于预期的损失；②风险等于预期的失效；③风险是某种不利后果的概率；④风险是不利后果概率和严重性的测量；⑤风险是一个事件和其后果概率的混合；⑥风险是一系列事态，每一种都有一个概率和一个后果；⑦风险是事件和相应不确定性的二维混合；⑧风险指结果、行为和事件的不确定性；⑨风险是一种情景或者事件，其存在使人类有价值的事务处于危险之中，且其后果不确定；⑩风险是与人类价值有关的活动及事件的不确定的后果。

（2）本质

风险的本质是实践主体与实践客体间矛盾的现实体现。刘岩、孙长智（2007）在批判既有研究的基础上，提出了风险本质的六个范畴[②]：

①风险是一个可能性范畴。风险不是一定要发生的，而是面向未来的一种可能性。因此，风险不是事实性范畴，它不是现实。所以风险本身就意味着人们主动迎受风险、敢于冒险、积极探险的一种主体意识，它表现了人类企图控制未来、寻求确定性的一种主观期望和实践努力。

②风险是一个关系性范畴。风险总是存在于人与特定的对象所形成的关系之中，而非实体性存在本身。世界是普遍联系的整体，所以人与世界的联系无时不在、无处不在，只要有关系就可能有风险，从这个意义上看风险也是普遍存在的。可以说，世界上的任何一种存在与人之间都可能形成一种风险。

③风险是一个历史范畴。风险总是相对于人类而言的，在不同的社会历史阶段，风险的表现形式也不同。不同历史阶段的风险表现形态，在一定意义上体现了当时的社会生产力状况和社会发展水平。人们的风险意识观念也在一定意义上反映了特定历史条件下人的生存发展状态和自我意识

---

① 伍麟：《风险概念的哲学理路》，《哲学动态》2011年第7期。
② 刘岩、孙长智：《风险概念的历史考察与内涵解析》，《长春理工大学学报（社会科学版）》2007年第5期。

水平。

④风险是一个价值性范畴。并非所有的关系性存在状态都是风险,只有对人的生存和发展构成一种损害性关系状态时才称之为风险,因此,风险包含了人的一种价值取向。这种价值取向有不同的层次,最基本的就是对人的生命活动构成损害。这里的人可以是个体、群体、社区、国家,乃至人类整体,相应的价值立场也就表现为不同的层次。刘岩、孙长智(2007)在探讨风险的价值取向的时候,将风险的主观建构纳入风险意识的范畴,而主要从对人类的生存和发展构成损害的,这一具有普适性价值的意义上来界定风险所包含的价值取向。

⑤风险是一个社会性范畴。工业革命以来,人类征服大自然的能力不断提升,天然的自在自然已经少有存在,自然的人化程度日益提高,风险主要指涉与人的实践活动相联系的社会风险,它强调风险来源的社会性因素、风险扩散的社会化效应和风险后果的社会损失性。今天,引发风险的因素主要来自人类本身:一是人类社会的科学技术、制度安排以及做出的各种决定、采取的各种行动都可能带有风险;二是人类不合理的实践活动也加剧了自然风险爆发的可能性及其对人类的威胁。

⑥风险是一个现代范畴。风险虽然古已有之,但风险概念只是在近代才出现。风险概念意味着人们一种全新的不同于宿命论、神定论、拜物教的世界观,表明了人们更加重视人的主体性,是启蒙运动以来所强调的主体精神。这种主体精神在现代性中更多地被表达为理性精神和科学精神。所以从风险概念与传统相关概念的分野上,就显明了人们对自我的一种重新理解,它意味着人类自我意识的一种转变——从"自卑意识"转向"自信意识"。

2. 相亲的风险性

相亲的风险性是指双方相亲者在相亲环节中可能承担的代价或付出。其中包括外显性风险和内隐性风险两类。外显性风险者即有形的、可计量的货币与实物的可能支出，这属于技术取向的风险。意即相亲双方在这一环节当中能够并且愿意承担的货币与实物数量。内隐性风险者即无形的、无法计量的情感付出与名誉受损的可能程度，这属于文化取向的风险。意即相亲双方在这一环节当中对以自己为中心的相关人群的评判在意与否及在意程度。在男尊女卑、男女不平等的父权社会中，男女双方在相亲环节中所面临的风险源于传统伦理约束下性别间的特定差异。即男性拥有自我设定且以女性为屈从的"不对等自由"，婚姻对象选择的特权被无限放大并成为其"能力"或"本事"的外在标志。因此，在一般情况下，男方在相亲中面临的主要是外显的有形风险，即大多是货币与实物的支出，因此具有即时性和充分的补偿性；相比之下，女方面临的主要是内隐的无形风险，尤其是以所谓"妇道、妻道和母道"为基本内涵的女德的受损。这个风险具有较强的持续性，因此，一般是很难弥补，或弥补的代价高到难以承受。肇始于唐代见诸文字的《烈女传》与形之于物、借以旌表女德的贞节牌坊是此类风险的极致。《儒林外史》第四十八回《徽州府烈妇殉夫 泰伯祠遗贤感旧》对此更有入木三分、鞭辟至极的描述：

> 又过了三日，二更天气，几把火把，几个人来打门，报道："三姑娘饿了八日，在今日午时去世了！"老孺人听见，哭死了过去，灌醒回来，大哭不止。王玉辉走到床面前说道："你这老人家真正是个呆子！三女儿他而今已是成了仙了，你哭他怎的？他这死得好，只怕我将来不能像他这一个好题目死哩！"因仰天大笑道："死得好！死得好！"大笑着，走出房门去了。

由于相亲环节的不可或缺性，所以，风险尽管存在，但必须面对和接受。相亲的外显风险相对较小，即时性强，易于承担，而内隐风险相对较大，且持续性强，甚至无法承担。在完全的男权社会及男女还未真正实现平等的现代社会，相亲中的女性所承担的风险要明显高于男性相亲者。如同其他种类的风险一样，相亲的风险性源于相亲双方完全信息获取的技术难度和特定文化情境中价值取向的差异。前者有可能导致相亲双方对婚姻、家庭和人本身的认识不足，后者有可能导致相亲者的自我美化与自我掩饰。

（三）相亲的隐蔽性

在《现代汉语字典》中，"隐"的义项有三，分别是藏匿、不显露，伤痛，怜悯。"蔽"的义项也有三项，分别是遮、挡、隐藏，欺骗、隐瞒，概括。"隐"与"蔽"合并成为复合词"隐蔽"，意思是指"借助别的东西遮盖掩藏"。相亲的隐蔽性是指相亲进行的非公开性，意即相亲双方在主观上没有让"外人"知晓的意愿。其具体表现为相亲参与人员范围小，数量少，其大多限定于相亲双方家庭的直系血亲，主要是父母、媒人与男女本人。同时如前所述，相亲地点由双方家长会同媒妁，约定适当场所，或在任何一方家中进行。如在男家，叫"相女婿"，如在女家，谓之"相媳妇"。

相亲的隐蔽性源于相亲的本身先天存在的不确定性与风险性。因为相亲关涉男女双方的人生大事，各方都对未来的婚姻抱有最美好的期待。失败或受损都有可能使相亲者及其家庭面临来自社会外界的负面评价，并进而有可能发展成为自我异化与消极性否定。这对于相亲者其后的"再相亲"和相亲者家庭的声誉都可能会产生不利影响。例如，相亲多次失败的经历会成为当事人相关熟人关系人群茶余饭后的谈资，或者被污名化为"难言之隐"者等。因此，在婚仪的语境中，"隐蔽性"的本质在于相亲双方基于相关成本与风险的考量，而对相亲所涉信息做出的主观性控制，而这一"控制"具体指向则是相亲双方的非直系血亲。

总之，无论相亲是否顺利，相亲者自身都获得了由"孩童""未成年人"转变为"大人""成年人"的临界体验，这是一种真切的生活体验，是说教式生活或灌输式生活无法替代的。从中，一个心智健全的正常人应该获得"原来"式感悟：第一，原来"我"不是世界的中心，每个人都有自己的世界。第二，原来我之"所欲"与我之"能欲"存在边界，越界行为可能导致生活世界秩序的混乱和"我"的迷失。第三，原来"我"最终要离开父母的庇护，去建立自己的家庭，单个的"自我"只是完整人生角色扮演的一个阶段，而非全部。

第二节　定亲

一、定亲的界定

在《现代汉语词典》中，"定"有5个义项，分别如下：

（1）改正，修改：订正、考订、校订、修订。

（2）约定，立（契约）：订立，订购，订约。

（3）用线、铁丝、书钉把书页、纸张连在一起：装订。

（4）制定：订计划。

（5）评议："两刃相割，利钝乃知；二论相订，是非乃见。"

在婚仪的语境中，"定亲"中的"定"显然指向于"约定、立（契约）"之意。意指所涉双方经相亲之后，以某种正式或合法方式，对未来"至近至密关系"的确定或约定，是双方初步落实婚姻意图的阶段性认可。故"定亲"又被称为"定亲""订婚""送柬""换贴""过贴""传启""送茶"等。事实上，除了相亲双方就姻亲关系的初步确定并以某种特定方式表示庆祝之外，定亲还具有另外一个功能，即相亲双方希望参与此次庆祝礼仪的其他相关血亲，能够以他们"生活常识"就相亲双方的"这个选择"再次给予一定的审查。事实上，除非相亲双方有着不为众人所知的假行、丑事与恶名，其他相关血亲一般大都会投其所好，给予赞许的意见和祝贺，而这也是主家期盼的。

在封建社会，定亲不仅被历代封建政府宣布为合法婚姻的法定程序，而且在民众心目中也被视为婚姻关系确立的合法标志。在风俗中，定亲有童年定亲、指腹定亲和成年定亲三种。随着社会的进步和人们婚姻观念的转变，童年定亲、指腹定亲已经被历史所淘汰，因此，我们今天所讲的定亲即是成年定亲。

二、定亲的特点

从程序上看，定亲介于相亲和成亲之间，是由尝试性相亲到实质性成亲的过渡性标志，具有相当的确定性。由此，与相亲相比，定亲则显示出"半公开性"和"准合法性"的特点。

（一）定亲的半公开性

1. 半公开性概念

"公开"是一种主观选择，是主体在实践中出于自我与环境之间关系的紧张或融洽，所做出的自我信息或状态的积极展示。本文所使用的"公开性"不涉及学科争鸣式的探讨，而是采用通常意义上的用法，意即"不加隐蔽，面对大家"[①]。"半公开性"中的"半"不是精准的数学意义上的"量"的划分，而只是对事物发展未全然状态的一种程度描述，具有动态变化性。

2. 定亲的半公开性

如上所述，定亲是所涉双方经相亲阶段的找寻与选择后，以初步认可的方式向最终的成亲迈出的关键一步，是婚姻最终取得的"阶段性成绩"，对于男女双方而言，都是一种值得庆贺的喜事。但是，定亲其本身无论是在风俗层面还是法律层面，都并不意味着合法婚姻的最终完成，变数始终存在。在古代社会，定亲婚约虽然具有法定的约束力，但在成亲大礼正式举行之前，"婚姻"就始终处在"商定"阶段，"毁婚"应当是人们心理

---

① 《现代汉语小词典》，商务印书馆1980年版，第179页。

有所准备的常态。近代以后，随着社会的进步，人们观念的转变和法制的完善，社会逐渐达成的共识是定亲只是风俗式的认可，根本不具备法律意义。在没有取得法律认可的情况下，男女双方的合法婚姻关系是不存在的，不受法律的保护。因此，无论是古代社会还是现代社会，定亲双方将此事完全公开，则极有可能面临非常尴尬的局面："毁婚"或"分手"。这在极为看重"面子"的"熟人社会"是件很不光彩的事情。当然男女双方及其家庭还会承担一定的物质损失。所以，半遮半掩、犹抱琵琶的半公开性即成为定亲特点之一。其表现是：第一，参与人数多于相亲时的参与人数。参与的人除相亲时的媒人、父母和本人以外，更多的血亲人群将会加入。第二，参与人员的身份以血亲为主，如果双方家庭血亲健全的话，应当包括五服以内的所有成员。第三，以某物件或书面的形式（如婚约或婚书）作为婚姻初步认可的凭证。其认可的内容主要是两点：一是结婚日期的选择，二是婚姻支付的相关协商。第四，定亲的地点较相亲的地点有更多选择。

（二）定亲的准合法性

1. 准合法性的界定

"合法"一词通常在两种意义上使用：一种是日常经验意义，"合法"即是"符合法律"（对应的英文为 legal），指的是人们对社会规则的遵守；另一种是普遍意义，"合法"即"具有正当性"，是人们对社会存在的认同，包含着理性的"必然性认知"、经验的"事实性接受"以及道德的"应然性评估"三个因素。从逻辑上看，经验意义上的"人们对社会规则的遵守"，在本质上属于普遍意义上人们对社会存在认同的"事实性接受"。

"性"在哲学层面具有两层意义。一层是指"根据""属性"，表达的是事物之所以称之为该事物的规定性，一般在形而上意义上使用。另一层指"源泉""基础"，一般在具体语境中使用，如合理性、现代性等。[1]"性"

---

[1] 张健：《合法性内涵及政府合法性问题》，《理论与现代化》2008年第1期。

作为后置限定，与"合法"复合成为"合法性"一词，用以表达"合乎法律的""正义"和"正当"之意，与柏拉图、亚里士多德所关注的责任义务（Obligation）、服从（Obedience）、权威（Authority）相关。

这里，我们取其经验意义层面的"合乎社会规则"之意，即符合或遵循"习俗、惯习、村规、民约"等。在古代，"准"是指一种测量水平的器具。如《汉书·律历志上》："准者，所以揆平取正也。"在"准合法性"语境中，"准"描述的是事物进展的一种临界状态，具有近乎完全圆满的即时性。

2. 定亲的准合法性

指所涉双方姻亲关系的确立，只是初步得到了双方家庭及家族成员或五服以内血亲的认可，但尚未面向家庭与家族以外的非血亲群体进行公开或告知，是处在"折叠状态"、小范围知晓的姻亲关系，双方都在继续地相互观察、了解和适应，"毁婚"的可能性是存在的。所以只能是近乎而未最终实现的婚姻状态，我们姑且称之为"非完全婚姻"。与相亲时双方互为陌生人身份相比，定亲双方的相互关系从陌生人向熟人身份的转变迈出了谨慎的一步。

"准婚姻"外在表现有两点：一是双方称谓的变化。双方家庭或家族间开始以"亲家"相称，"未来女婿"和"未来儿媳"的称谓开始使用。二是男女双方可以结伴出现在公共场域，并按照既定礼节，以准夫妻的身份拜访双方以父母家庭为核心的亲缘网络。

经相亲而定亲的"寻亲"经历，给予姻亲当事人最深刻的体验就是：非血缘关系的男女两性结合，是人生事务中最为严肃和神圣的选择。婚姻不仅是个人之间的事情，更是两个家庭及家族之间的合作。正如《尔雅·释亲》曰：女子之夫为婿，婿之父为姻，妇之父为婚。经过定亲，当事人不仅初步成为两个非血缘群体间关系对接的中介，而且以准成年人的身份开始参与相关家庭与家族事务。

第三节　成亲

一、成亲的界定

在《现代汉语词典》中,"成"有10个义项,分别是:

(1) 做好,做完。

(2) 事物发展到一定的形态或状况。

(3) 变为。

(4) 可以,能行。

(5) 称赞人能力强。

(6) 够,达到一定数量。

(7) 已定的,定形的。

(8) 十分之一。

(9) 平定,讲和。

(10) 姓。

在婚仪语境中,"成"是指事物发展到一定的形态或状况,具有"完成、实现和成为"之意。成亲指所涉双方经定亲之后,根据婚约确定的时间和地点,主要以婚宴的形式向他人宣布新的姻亲关系的正式诞生,是多人参与、公共与开放的民众集体活动。由于成亲之日是人生难得的大喜之日,人们大都要操办酒席以示庆贺,所以,成亲又被称为"办酒席""办喜事""吃喜酒"等。

二、成亲的特点

作为合法姻亲关系产生的终了环节,与先前的相亲和定亲相比,成亲的最显著特点就是完全公开性。这一特点源自姻亲双方三方面的考量:

（一）婚姻合法性的最终认可

在民间场域，法律意义上的婚姻是姻亲双方关系群落之外的登记婚认可，是婚姻存续期间为约束双方行为和适时调解婚姻纠纷矛盾的外力干预，不是"自家人"的仪式婚认可。[①] 仪式婚认可是"自家人"立足血缘，向外递次扩充至地缘、业缘、学缘及趣缘等所有相关熟人，以婚宴的形式进行"广而告知"。因此，姻亲双方借以酒席，宴请八方宾客，以求得"自家人"的支持和仪式婚姻合法性的获得。

婚宴参与者愈多，婚姻的认同性与合法性也就愈强。"在熟人社会情境中，一个人只有在这种人情化的亲密关系中才能获得作为人的意义，它具有工具性意义，更具有本体性意义。"[②]

时下，随着我国人口流动性的不断增强和城镇化水平的逐步提高，姻亲双方举办的婚宴次数悄然地从传统的两次增加至三次：即在男方和女方家里各举办一次，双方就职所在地举办一次。对此，既有经济实力的外在支撑，也有传统仪式婚姻合法性的内在驱使。陈世海、钟祥虎、詹海玉（2004）采用"过程—事件"分析策略，对举办三次婚宴的婚姻个案进行了调查研究，个案中新郎的应答点出了其间的缘由：

是什么原因使得婚姻主体要花比过去多近一倍的代价去举行这三次婚宴呢？我们个案里的新郎 M 做出了很无奈的解释：

"我们自己其实不想搞三次（婚宴），原打算在武汉举行婚礼，宴请朋友，这里朋友啊同事啊什么的，人际关系多，不请不行；然后回家把双方的亲人接到一起，简单地吃一顿饭就行了，这样花钱

[①] 王跃生（2007）：中国历史上，政府直接介入民众婚姻缔结行为（设置婚姻登记机构、颁发结婚证书），基本是民国以后的事，而婚姻登记制度的全面实施则是1949年以后。这意味着，近代之前，婚姻行为完全以民间方式确立。但民间婚姻却受到政府规定，甚至国家法律的约束，以使其符合"礼"的要求。
[②] 王露璐：《从"熟人社会"到"熟人社区"——乡村公共道德平台的式微与重建》，《湖北大学学报（哲学社会科学版）》2020年第11期。

也少，人也轻松一些。但是双方的父母说什么都不同意，吃一顿饭就把婚给结了？让亲戚邻居们怎么说？再说了，两家隔得远，不分别办一次酒席人家还不知道我们结婚了，见着面了还会问长问短。当然了，在武汉的那一次（婚宴）要隆重一些，花钱也多一些，因为那些朋友要经常打交道，后面回家的两次（婚宴）就要简单一些，能省的步骤就省掉了，蛮多礼节也没有顾得上。"

对此，陈世海等研究者指出了三个方面的原因：1.新郎新娘就职所在地与家乡的空间距离。2.现代社会交际压力与传统"面子"的双重影响。3.婚宴是男女结婚心理层面的非官方证明。因此，三次婚宴实质上是将以往同一天发生的一件完整的事情分成了三个不同的阶段，是一个完整的事件整体，是先前两次婚宴的一种延续。

（二）外力监督的善意期待

自古及今，婚姻家庭的圆满安康，白头偕老，是人们尤其是姻亲双方对婚姻的终极性期待。但是，足够的生活经验告诉人们，这样的期待过于理想，近乎奢望。因为人人都很清楚，婚姻家庭存续期间必然面临各种因素的干扰，除却不可抗拒的自然因素，人们事实上更多关注的是人为因素，尤其是以婚姻当事人为核心及其相关者的德行优劣，对婚姻家庭构成的潜在的可能威胁。外力监督就成为不可或缺的选择。但是，姻亲相关者的监督相比较于婚姻家庭圆满安康的应然期待，始终存在力不从心的局限。因此，成亲当日参加婚礼的人员虽然无法包括所有社会群体，但姻亲双方会尽可能地将"告知"延伸到双方家庭与家族所能触及的所有社会网络中的节点，其目的就是将"酒席"视为"传话筒"，告知尽可能多的人知晓"这个"而非"那个"婚姻家庭的正式诞生，将"这个"而非"那个"婚姻家庭，自今日起置于由无数张嘴巴、眼睛和耳朵构成的庞大舆论监督网，从而将婚姻家庭因某种人为因素而面临瓦解的风险，降低到婚宴举办者自我认为的最低限度。在这个意义上，旅游结婚、集体婚礼等所谓时尚的成亲方式，因外在监督力度的薄弱而始终游离于人们的日常生活之外，并处于边缘化状态。

（三）社会关系网络的建构

人是合群之物，社会关系是人得以生活的依托和归属。成亲当日也就是以姻亲双方为中心的社会关系网络的正式对接，除了展示姻亲双方家庭的社会地位、为新家庭提供精神与财物支持之外，更重要的意图是，为新家庭的社会关系网络构建提供一个温情脉脉的平台。至于新家庭能否充分利用这些网络资源，并将其扩充与发展，还取决于它与整个网络的交流与融合能力。正如费孝通先生所认为的，"结婚的宴会为亲属提供了相聚的机会，除了巩固原有亲属关系和承认新建立的亲属纽带外，还可以调节社会关系"[1]。

成亲正式而隆重地宣告个体单身角色的终结和家室角色的开始，当事人自此以后，脱离原有家庭的单一身份，"大人"而非"小孩"成为其生活中的基本身份。在这个意义上，成亲等同于没有痛苦肉体伤害的"成年礼"，是初生的终点和新生的起点。从社会角度看，成亲意味着个体社会状态的过渡；从个体角度看，则是自身对社会状态获得充分认识。同时，婚宴参与者中的未成年人与成年人也都获得了欢娱般的教化：前者是被动暗示，后者是主动重温。因此，"婚礼是一项重要的社会行动，是永久性加入新环境的仪式，同时也是一种变更关系、破坏社会平衡，以及从日常生活的平淡中苏醒过来的场合"[2]。

家庭是继承、创新民族文化的基本单元，以亲情为基点的家庭文化是构建民族精神家园和心灵世界的有效平台。那么，如何以促成家庭形成与稳定的婚仪为肯綮，努力寻求家庭美德在公民教育与公民社会构建中的转化路径，应当是我们当前社会主义精神文明建设的紧迫课题。

曾经的婚仪"六礼"和今天简化的"三亲"，虽然程序不等、烦琐不一，

---

[1] 费孝通：《江村经济：中国农民的生活》，商务印书馆2001年版，第121页。
[2] 吉国秀：《婚姻习俗研究的路径评述与启示》，《社会学研究》2006年第2期。

但是其以血亲为纽带的人伦构建取向却是一致的。经过既定婚仪之后,"我"成为家庭人伦格局中的一员。但问题是,传统婚仪教化下的"我"只是如梁启超所讲的重"私德",而轻"公德"的"旧民",相反,重"公德"而"相善其群"的"新民"是缺位的。"我"以血亲为标尺进行社会关系亲疏远近的差序划分,从而在实际意义上将整个社会分割为互不关联,甚至根本对立的利益群落,以至于对"自家人"温情有加,对"别家人"冷眼相对的"两面人"成为"旧民"的生活方式与内容,并延续及今。而这也是以"民主、自由"自居的西方世界屡屡嘲讽我们的文化资本。

在鸦片战争以前的数千年里,儒、道、释诸家相辅相成,为我们描绘了整个人生和世界的完整图像,构建了我们的意义世界,家庭的生育、安全与保障、文化濡化与教育以及稳定社会的功能是充分的。但自此以后,因民族的生死存亡而导致集体身份焦虑就一直成为我们内心难以回避的隐痛。新中国成立初期,政治制度固化的身份分配又导致了社会发展的停滞和家庭文化的单一及其成员关系的异化。改革开放基本国策的坚定施行,极大促进了经济社会的综合发展,但与此同时,又引发了社会利益格局的急速改变,被已有制度固化的身份群体逐渐瓦解,社会群体身份的碎片化现象较为突出,催生了民众的社会离心力。

苦海无边,回头是岸。婚姻家庭是人类社会极为神圣的制度安排,其代表和固守了我们人类非常高贵的美德,如尊重生命、热爱生活、爱好和平、夫妻如宾、崇尚节俭等。这些美德既可以弥补家庭之外法律的不足,又能弱化些许价值选择的负面影响,减少家庭因人为因素和社会变革所产生的一系列问题,从而促进社会德行的养成。因此,我们今天社会角色升华和身份焦虑化解的考量之一,就在于脉脉家庭伦理情境的重构,而重构的文化基点就是将曾经以血缘为据进行社会人际差序划分的"小我",转变为以公民为据进行社会人际等序划分的"大我"。"老吾老以及人之老,幼吾幼以及人之幼"即为"小我"转变为"大我"的民俗路径选择。

第五章　庙会

庙会是中国传统的民间文化，极具乡土气息，是传统社会民众的公共空间和公共生活。其以宫、观、庙、庵、祠、寺等宗教场所为空间依托，以既定的神圣日子为时序承转，在尊神、娱神，神、人齐乐共融的典礼仪式呈现中，生发构建了民众"这个"而非"那个"支持生命绵延为继的生活图景，并以群体记忆的乡愁在历史的涤荡中代代传衍，以至于今。

第一节　庙会概述

一、庙会的界定

（一）庙会辞源探究

在《说文解字》中，"庙"（廟）的本义为"尊先祖皃也。从广朝聲"；"会"（會）的本义为"合也。从亼，从曾省"。《广雅·释天》有言："庙祧坛墠，鬼祭先祖也。"《释名》曰："（廟者）先祖形貌所在也。"《玉篇》说："（廟者）宗庙也。"无论是《说文解字》《广雅》《释名》抑或《玉篇》等都明确指出，在我国传统文化语境中，"庙"的基本功能是祭祀祖先。清代段玉裁《说文解字注》对"廟"有着进一步的灌注，"古者廟以祀先祖。凡神不为廟也。为神立廟者，始三代以后"。

第五章 庙会

吉发涵（1994）在《庙会的由来及其发展演变》指出，"会"是特指天子与诸侯或诸侯之间的一种定期会见，具有特定的时空性质，是一种极重要的政治外交活动。这种"会"，须在天子或盟主的宗庙中进行，通过对先王的祭祀而完成，用以示一体、分远近、明君臣，十分郑重。[①]

"庙"与"会"合并构成复合词"庙会"，直译为"人们汇集在供奉先祖的高大房屋中"，意译即为"祭拜先祖"。"庙"与"会"的连用，最早见于《论语·先进》："宗庙会同，非诸侯而何"一语。[②]其后，"庙会"一词又出现在范晔《后汉书·张纯传》："元始五年，诸王公列侯庙会，始为禘祭。"

在现代汉语语境中，《辞海》《中国风俗辞典》等工具类文献对"庙会"的释义基本一致，《辞海》：庙会，亦称"庙市"。中国的市集形式之一。唐代已经存在。在寺庙节日或规定日期举行。一般设在寺庙内或其附近，故称"庙会"。[③]《中国风俗辞典》：庙会，亦称庙市。在寺庙内或寺庙附近的定期集市。[④]

关于《辞海》《中国风俗辞典》等工具类文献对庙会的界定，我们认为其间存在三个方面的不足：一是界定基点的静止化。庙会不是独立于人类社会的先天之物，而是在人类长期的社会生产实践当中逐步产生的，"庙

[①] 古时，对庙的规模有严格的等级限制。《礼记》中说："天子七庙，卿五庙，大夫三庙，士一庙。" "太庙"是帝王的祖庙，其他凡有官爵的人，也可按照等级规制建立"家庙"，而平民百姓家是不能有"庙"的。在封建时代，国之大事，唯祀与戎，下至平民百姓，上至将相帝王，都把祭祀祖先作为头等大事，皇家祭祀先祖，更成为国家大事，因此，太庙也成为国家的象征。《过秦论》中说："一夫作难而七庙隳。"所谓"七庙"就是指"太庙"。帝王的宗庙，供奉太祖及三昭三穆共七代祖先。"昭穆"，就是古代宗庙的排列次序。《周礼·春官》记载："辨庙祧之昭穆。"《礼记·祭统》中说："夫祭有昭穆，昭穆者，所以别父子、远近、长幼、亲疏之序而无乱也。"郑玄注曰："自始祖之后，父为昭，子为穆。"始祖在宗庙中居中，子孙分列左右， 左为昭，右为穆。始祖之子为昭，始祖之孙则为穆；始祖孙之子又为昭，始祖孙之孙又为穆。在昭穆的排列中，父子始终异列， 祖孙则始终同列。
[②] 虽然孔子这话是把宗庙祭祀与诸侯盟会作为两件事说的，但这两件事的密不可分和"非诸侯而何"所表明的（宗）庙会的严肃性、重要性却由此而见。
[③] 《辞海》，上海辞书出版社1980年版，第852页。
[④] 《中国风俗辞典》，上海辞书出版社1990年版，第529页。

会"即"集市"的界定只是"庙会"缘起、形成与发展的动态变化过程中相对静止或外显的一个状态节点,不是"庙会"的整体状态。二是界定视角的经济化。庙会的根本属性在于它的文化性,即特定人群对其生活方式在生物性与社会性两方面复合统一的特定选择。"庙会"即"集市"的经济化界定只是顾及了"庙会"对人生物性需要的满足,却忽略了人的社会性需要。经济化视角中的"庙会"割裂了人的自身,异化了人的存在。三是界定内容的片面化。庙会作为我国传统社会人们日常生活中的"大事",其不仅要满足人们日常经济生活的需要,而且还要为人们在宗教、情感、伦理、心理等方面需要的满足创设情境,提供场域,否则就无法有效回应"庙会"的复指性与集合性。

鉴此,学者关于"庙会"的界定进行进一步的探讨。

高占祥(1992):庙会是一种文化,庙会文化就是以寺庙为最初依托,以宗教活动为最初动因,以集市活动为表现形式,融艺术、游乐、经贸等活动为一体的社会文化现象。[1]

吉发涵(1994):庙会是依托宗教祭祀庆典节日等时间,在佛寺道观及其附近,集游艺、商贸、宗教于一体、群众广泛参加、延续多天的大型综合性民间活动。[2]

朱越利(1996):庙会是我国传统的民众节日形式之一。它是由宗教节日的宗教活动引起并包括这些内容在内的在寺庙内或其附近举行酬神、娱神、求神、娱乐、游冶、集市等活动的群众集会。[3]

高有鹏(1997):庙会是一种古老的民俗现象,集祭祀、娱乐和贸易于一体,尤其与道教、佛教等宗教活动联系十分密切。[4]

---

[1] 高占祥:《论庙会文化》,文化艺术出版社1992年版,第1页。
[2] 吉发涵:《庙会的由来及其发展演变》,《民俗研究》1994年第1期。
[3] 朱越利:《何谓庙会——〈辞海〉"庙会"条释文辩证》,《妙峰山·世纪之交的中国民俗流变》,中国城市出版社1996年版,第2页。
[4] 高有鹏:《民间庙会》,海燕出版社1997年版,第86页。

小田（2000）在《"庙会"界说》中所指出的："庙会是以庙宇为依托，在特定日期举行的，祭祀神灵、交易货物、娱乐身心的集会。"[①]

顾希佳（2010）：传统庙会是民俗文化的重要组成部分，也是我国乡村集市贸易的主要形式之一。它以祭祀神灵为核心，围绕特定庙宇，在特定日期内，举办特定的宗庙祭祀活动，吸引大量民众前往朝拜祈福，从而形成一种周期性的群众活动。[②]

刘晓（2013）：庙会是中国传统民俗文化的重要载体，是集宗教、文化、商贸活动于一体的仪式性活动。[③]

张祝平、郑晓丽（2014）：庙会也称香会、庙市、香市等，是因庙而生成的以具体的神灵信仰和祭祀仪式表现出来的群体性聚会，在它的发展过程中，又与政治、经济、文化及自然生态等诸多因素相伴相随、融合互动。[④]

袁瑾（2016）：庙会是一种围绕着神灵祭祀而展开的群体性、周期性民俗事象，它在一定的地域内发生，由特定的人群组织，并具有很强的传承性。庙会是社群民众公共生活的中心，它是庙宇建筑、神灵信仰、仪式、文艺表演、商贸集市、传说故事等诸多因素组合而成的综合体。[⑤]

王浩（2019）：庙会是民众民间信仰的实践场所，是民众自发组织、参与的协调日常生活的庆祝节点。庙会维系着民众物质与精神生活，更是国家与民间之间的纽带。[⑥]

一般认为，传统庙会大致上可分成迎神赛会型和朝山进香型两大类。对此，1925年顾颉刚先生调查北京城西妙峰山庙会时，说这里的庙会为"香

[①]小田：《"庙会"界说》，《史学月刊》2000年第3期。
[②]顾希佳：《传统庙会的当代意义：以浙江为例》，《浙江学刊》2010年第6期。
[③]刘晓：《当代庙会转型与非物质文化遗产保护——以泰山东岳庙会为例》，《青海社会科学》2013年第1期。
[④]张祝平、郑晓丽：《尴尬与选择：乡村传统庙会的现代性境遇——杭州地区两个乡村庙会当代变迁的考察》，《湖北民族学院学报（哲学社会科学版）》2014年第2期。
[⑤]袁瑾：《传统庙会与乡村公共文化空间的建构——以绍兴舜王庙会为个案的讨论》，《遗产与保护研究》2016年第3期。
[⑥]王浩：《国内外庙会文化研究学术史述评》，《民族文化研究》2019年第1期。

会"。他说，香会是乡民祀神的会集的变相；从前叫作"社会"，自从释道庙观并起，固定的社会就演化为流动的社会；流动的社会有两种：一种是从庙中舁（yú）神出巡的赛会，一种是结合了许多同地同业的人们齐到庙中进香的香会。①

事实上，无论庙会的形式与内容如何发展变化，群体性祭祀先祖（神灵）始终是其区别于其他民俗活动的本质体现，正如叶涛所言，"庙会是由信仰的力量而产生，进而又借助信众的积极参与而发展，从本质上来看，庙会是一种信仰文化。同时，在庙会信仰特征的基础上，派生出庙会的附着性特征，这就是活跃在庙会上的文化娱乐和商贸交易的内容"②。

（二）庙会历史溯源

虽然，现代汉语语境中的"庙会"所指与其形成之初的所指在内涵——人们创造的特定民俗类生活文化——没有根本性变化；但是其外延却发生了符合事物发展一般规律的诸般变化，至少"庙会"不再单纯指向于庄重、肃穆，甚至神秘的以"祭拜先祖"为内敛性的"家务事"，社会民众共同参与的欢愉盛事也渐趋成为庙会的重要内容，并成为具有外显性的"公共事"。工具类文献的简明性将庙会由"家务事"向"公共事"的历史变化隐略其间。

庙会起源于我国远古先民的宗庙祭祀和社祭，周代宗庙之旁便有庙会了。《考工记》有言："匠人建国左祖右社，面朝后市。"祖即宗庙，社即社稷，市乃交易的地方，交易之地与宗庙、社稷已经有了联系。自汉代以后，随着佛教东渐，道教浸漫，既有庙会中的祭神拜祖活动与宗教活动相互融合，并在漫长社会历史发展进程中渐趋成为涵盖祭祀、宗教、娱乐、商贸等在内的功能多样、内容丰富、立体多维的特定民俗活动。由于"庙会"是从传统社会里沿袭下来的，所以一般又称之为"传统庙会"。此外，

---

① 顾颉刚：《妙峰山》，上海文艺出版社1988年版，第13页。
② 叶涛：《泰山香社研究》，上海古籍出版社2009年版，第309页。

第五章 庙会

在日常生活中"庙会"又被习惯性称为庙市、香市、香会、神会等。

魏晋南北朝时期,庙会在承继先前祭神拜祖单一功能的同时,又兼具了更多的娱乐功能。北魏抚军司马杨炫之《洛阳伽蓝记》卷一记载了"长秋寺"庙会的喧闹:"至于大斋,常设女乐,歌声绕梁,舞袖徐转,丝管寥亮,谐妙入神。"① 宋代陈元靓编撰的《岁时广记》记载了蜀中春日庙会与庙市:"蜀中风俗,旧以二月二日为踏青节,……妓乐数船,歌吹前导,名曰游江。于是都人士女骈于八九里间,纵观如堵,抵宝历寺桥出,宴于寺内。寺前创一蚕市,纵民交易,嬉游乐饮,倍于往岁,薄暮方回。"② 宋代孟元老的《东京梦华录》卷八记载了"神保观庙会":"自早呈拽百戏,如上竿、趯弄、跳索、相扑、鼓板、小唱、斗鸡、说浑话、杂扮……色色有之。"③

唐宋以来城镇的繁荣与市民阶层的兴起,又进一步促进了庙会与商贸的有力结合,明清之际,庙会甚至直接被称为"庙市"。北宋东京汴梁的相国寺,近乎每个月举办五次庙市。宋代孟元老所撰《东京梦华录》卷三,记述了当时"相国寺内万姓交易"的盛景:④

> 相国寺每月五次开放万姓交易。大三门上皆是飞禽猫犬之类,珍禽奇兽,无所不有。第二三门皆动用什物。庭中设彩幕露屋义铺,卖蒲合、簟席、屏(帏)(幛)、洗漱、鞍辔、弓箭、时果、腊脯之类。近佛殿,孟家道观王道人蜜煎,赵文秀笔,及潘谷墨占定。两廊皆诸寺师姑卖绣作,领抹、花朵、珠翠头面、生色销金花样幞头、帽子、特髻(意:用假发做的髻)、冠子、绦线之类。殿后资圣门前,皆书籍、玩好、图画及诸路(散)(罢)任官员土物香药之类。

---

①② 高有鹏:《中国庙会文化》,上海文艺出版社1999年版,第44页、48页。
③ 胡雪风:《温州南城考述》,作家出版社1998年版,第21—22页。
④ [宋]孟元老撰、李士彪注:《东京梦华录》,山东友谊出版社2001年版,第28—29页。

后廊皆日者（意：以占候卜筮为业的人）货异术传神之类。寺三门阁上并资圣门（阁），各有金铜铸罗汉五百尊、佛牙等，凡有斋供，皆取旨方开三门。左右有两瓶琉璃塔，寺内有智海、惠林、宝梵、河沙东西塔院，乃出角院舍，各有住持僧官，每遇斋会，凡饮食茶果，动使器皿，虽三五百分，莫不咄嗟而办。大殿两廊，皆国朝名公笔迹，左壁画炽盛光佛降九曜鬼百戏，右壁佛降鬼子母揭盂。殿庭供献乐部马队之类。大殿朵廊，皆壁隐楼殿人物，莫非精妙。

此外，宋代王栐在《燕翼贻谋录》对此也写道："东京相国寺乃瓦市也，僧房散处，而中庭两庑可容万人。凡商旅交易，皆萃其中，四方趋京师以货物求售转售他物者，必由于此。"①

明代话本小说《二刻拍案惊奇》卷三中说："京师有个风俗：每遇初一、十五、二十五日，谓之庙市。凡百般货物俱赶在城隍庙前，直摆到刑部街上来卖。"清代陈维崧《瑞鹤仙·慈仁寺松》词中亦咏道："只新来庙市，喧豗（音 huī）蹵（音 cù）踏。"②

明清之际，庙会借以戏曲、歌舞为手段的教化功能被朝廷看重，正所谓驭民"或亦以教导不及，欢以声音感人"③。明代庙会大多为戏班提供更多的演出场所，凡经济实力雄厚的庙会所请均为当地名班与名角。清代庙会更盛，演剧几乎日不间断，正如清徐荔枝《瓯江记游草》所咏："演神戏，演神戏，不在街头在神宇。一年三十有六旬，每日登台劳歌吹。三处五处奏伎工，卜昼卜夜满城同。"④再如，方鼎锐《温州竹枝词》云："粉墨登场笑语欢，满楼灯烛烂银盘。笙歌聒耳浑忘寐，观剧人归夜已阑。"⑤

---

①孙富山、木鱼：《皇家佛刹：开封相国寺》，河南大学出版社2003年版，第35页。
②曲彦斌、王正：《市场经纪人》，山东教育出版社1999年版，第16页。
③焦垣生、胡友笋：《戏曲艺术的当代传承与发展》，陕西人民出版社2008年版，第234页。
④胡雪冈：《温州南戏考述》，作家出版社1998年版，第21—22页。
⑤《中华竹枝词》，广西师范大学出版社1999年版，第2280页、2206页。

郭钟岳《瓯江竹枝词》云："观剧游人好夜行，庙门演剧到天明。梦中风送云璈奏，恍惚身居不夜城。"[1]

民国时期，时局动荡，战事不断，民不聊生、颠沛流离，人们的日常生活根本无暇顾及庙会。张从军（2014）在《当代庙会文化建设刍议》撰文指出[2]：20世纪初的新文化运动大力批判传统文化，将神像捣毁或扫地出门，空闲的庙宇被改造成新式学堂。这是自封建王朝被推翻后第一次普遍性的破坏，其结果不仅严重摧毁了庙会赖以存在的物质基础，而且动摇了乡村民众的心理。千百年来积淀的传统因此土崩瓦解，庙会也在这样的风暴之中逐渐衰退。从新中国成立一直到"文化大革命"结束，庙宇多次受到冲击，众多僧侣和神职人员被迫还俗，民众的信仰活动被当作封建迷信受到批判和摧毁，几乎所有的宗教场所都受到不同程度的冲击。特别是20世纪60年代扫除"旧思想、旧风俗、旧文化、旧习惯"的社会主义教育运动，很多传统的东西都被视若毒蛇猛兽，各地的庙会受到不同程度的冲击。强大的政治手段不仅将庙宇像污泥浊水一样抛弃，而且还从思想上让人们产生厌恶。从物质到精神，再到心理层面，很多传统文化被彻底的丑化和抛弃，庙会逐渐从民间生活中退出。[3]

及今四十余年改革开放基本国策的逐步实施与深入推进，我国社会主义物质文明建设取得了举世瞩目的巨大成绩，2010年我国GDP总量超越日本并正式成为世界第二大经济体。中国特色社会主义进入新时代，我国社会主要矛盾已经转化为人民日益增长的美好生活需要和不平衡不充分的发展之间的矛盾。中国特色社会主义文化建设离不开中华民族五千多年文明历史所孕育的中华优秀传统文化，它的目标实现始终无法割断与先前文化之间的血脉联系。曾经被遗忘的庙会又重新回到人们的日常生活当中并

---

[1]《中华竹枝词》，广西师范大学出版社1999年版，第2280页、2206页。
[2]张从军：《当代庙会文化建设刍议》，《中原文化研究》2014年第4期。
[3]张从军：《当代庙会文化建设刍议》，《中原文化研究》2014年第2期。

成为中国特色社会主义文化建设的重要民俗资源。正如马克思主义唯物史观强调的：人们自己创造自己的历史，但是他们并不是随心所欲地创造，并不是在他们自己选定的条件下创造，而是在直接碰到的、既定的、从过去承继下来的条件下创造。①

附录1：第一批国家级非物质文化遗产项目名录（庙会）②

附录2：第二批国家级非物质文化遗产项目名录

附录3：第一批国家级非物质文化遗产扩展项目名录（庙会）③

附录4：第三批国家级非物质文化遗产名录

附录5：第三批国家级非物质文化遗产项目扩展名录（庙会）④

附录6：第四批国家级非物质文化遗产项目扩展名录（庙会）⑤

附录1　第一批国家级非物质文化遗产项目名录

序号	编码	项目名称	申报地区或单位
480	Ⅸ-32	黄帝陵祭典	陕西省黄陵县
481	Ⅸ-33	炎帝陵祭典	湖南省炎陵县
482	Ⅸ-34	成吉思汗祭典	内蒙古自治区鄂尔多斯市
483	Ⅸ-35	祭孔大典	山东省曲阜市
484	Ⅸ-36	妈祖祭典（2009年妈祖信俗入选人类非物质文化遗产代表作名录）	福建省莆田市、中华妈祖文化交流协会
485	Ⅸ-37	太昊伏羲祭典	甘肃省天水市，河南省淮阳县
486	Ⅸ-38	女娲祭典	河北省涉县
487	Ⅸ-39	大禹祭典	浙江省绍兴市
488	Ⅸ-40	祭敖包	内蒙古自治区锡林郭勒盟
489	Ⅸ-41	白族绕三灵	云南省大理白族自治州
490	Ⅸ-42	长甸庙会	北京市宣武区

① 《马克思恩格斯选集》（第1卷），人民出版社1972年版，第603页。
② 《国务院关于公布第一批国家级非物质文化遗产名录的通知》（国发〔2006〕18号）
③ 《国务院关于公布第二批国家级非物质文化遗产名录和第一批国家级非物质文化遗产扩展项目名录的通知》（国发〔2008〕19号）
④ 《国务院关于公布第三批国家级非物质文化遗产名录的通知》（国发〔2011〕14号）
⑤ 《国务院关于公布第四批国家级非物质文化遗产代表性项目名录的通知》（国发〔2014〕59号）

附录2　第二批国家级非物质文化遗产项目名录

序号	编号	项目名称	申报地区或单位
991	X-84	庙会（妙峰山庙会、东岳庙庙会、晋祠庙会、上海龙华山庙会、赶茶场、泰山东岳庙会、武当山庙会、火宫殿庙会、佛山祖庙庙会、药王山庙会）	北京市门头沟区、北京市朝阳区、山西省太原市晋源区、上海市徐汇区、浙江省磐安县、山东省泰安市、湖北省十堰市、湖南省长沙市、广东省佛山市、陕西省铜川市

附录3　第一批国家级非物质文化遗产扩展项目名录

序号	编号	项目名称	申报地区或单位
480	X-82	黄帝祭典（新郑黄帝拜祖祭典）	河南省新郑市
481	X-83	炎帝祭典	陕西省宝鸡市
484	X-36	妈祖祭典（天津皇会）	天津市民俗博物馆
496	X-48	那达慕	青海省海西蒙古族藏族自治州，新疆维吾尔自治区和静县
508	X-60	药市习俗（樟树药俗、百泉药会、禹州药会）	江西省樟树市，河南省辉县市、禹州市

附录4　第三批国家级非物质文化遗产项目名录

序号	编号	项目名称	申报地区或单位
1197	X-122	中元节（潮人盂兰胜会）	香港特别行政区
1207	X-132	舜帝祭典	湖南省宁远县
1208	X-133	祭寨神林	云南省元阳县

附录5　第三批国家级非物质文化遗产项目扩展名录

序号	编号	项目名称	申报地区或单位
450	X-2	清明节（介休寒食清明习俗）	山西省介休市
480	X-32	黄帝祭典（缙云轩辕祭典）	浙江省缙云县
481	X-33	炎帝祭典（随州神农祭典）	湖北省随州市
483	X-35	祭孔大典（南孔祭典）	浙江省衢州市
484	X-36	妈祖祭典（洞头妈祖祭典）	浙江省洞头县

续表

序号	编号	项目名称	申报地区或单位
485	X-37	太昊伏羲祭典（新乐伏羲祭奠）	河北省新乐市
486	X-38	女娲祭典（秦安女娲祭典）	甘肃省秦安县
488	X-40	祭敖包（达斡尔族沃其贝）	新疆维吾尔自治区塔城市
991	X-84	庙会（北山庙会、张山寨七七会、方岩庙会、九华山庙会、西山万寿宫庙会、汉阳归元庙会、当阳关陵庙会）	吉林省吉林市、浙江省缙云县、浙江省永康市、安徽省池州市九华山风景区、江西省新建县、湖北省武汉市汉阳区、湖北省当阳市

附录6　第四批国家级非物质文化遗产项目扩展名录

序号	编号	项目名称	申报地区或单位
484	X-36	妈祖祭典（葛沽宝辇会、海口天后祀奉、澳门妈祖信俗）	天津市津南区、海南省海口市、澳门特别行政区
991	X-84	庙会（蒲县朝山会、泰伯庙会、苏州轧神仙庙会、金村庙会、浚县正月古庙会、宝顶架香庙会、丰都庙会）	山西省蒲县，江苏省无锡市、苏州市姑苏区、张家港市，河南省浚县，重庆市大足区、丰都县

二、庙会的基本要素

传统庙会作为农村公共生活中的一件"大事"，其具备事物发生发展的基本要素，即特定时空坐标内，实践主体以目标为导引，在内在动机的驱使下所实施的某种活动。关于庙会，高有鹏（2000）、梁凤莲（2017）等都有着相关论述，提出了庙会构成的四要素说。这里我们在其论述基础上，按照时间、空间、人物、事件的要素顺序，对庙会构成的四要素进行具体阐述。

（一）庙会举办的时间

即庙会举行的时间或周期是相对固定，社会成员共同遵守的约定。这个时间约定既有对自然规律的积极适应，也有对社会人事的主动安排，充分体现了自然与社会在庙会中的和合共生。除非自然灾害或战争等不可控因素的发生，庙会一般大都会如期举办。我国传统庙会举办时间具体确定主要表现为三类时间节点：

（1）以一月或一年为周期，一月数次，或一年一次。周而复始。旧时上海静安寺每年农历四月初八的浴佛庙会、龙华寺每年的三月十五庙会、江苏江阴广福寺每年六月十九的观音庙会、河南太昊陵每年二月庙会，皆为一年一度性大庙市。一月数次的庙市，在城市商业史上更具重要性。北宋东京相国寺庙市每月开市五次。明朝最繁盛的北京城隍庙市，每月农历初一、十五、二十五三次开市。清朝北京被称为诸市之冠的隆福寺庙市，每月初九、初十、十九、二十、二十九、三十，后又增加两天，初九到十二。也有少数庙市据于城镇繁华之地，最终发展为日市。如上海老城隍庙市，清以后已是每日皆有交易，实际上已成为固定常设的市场。

（2）农闲之际。依据传统农历的二十四节气，或为农忙开始之前，或为农忙结束之后。一年的庄稼收完之后，举行"尝祭"活动，以感谢天地、祖宗、神灵的保佑和庇护。如济南市长清区马山的三月三庙会、九月九千佛山庙会，一方面是人们感谢天地、祖宗、神灵的保佑和庇护，另一方面则是季节更替时期人们的踏春、赏菊等近郊游玩活动。庙会一过，人们便开始准备投入新一年的农事劳作。"（广西三江县）这里每年农历二月初五三王节，每年到这一天方圆百里的群众及邻近的男女青年集中这里，除敬香祭祀外，由头人宣布今天人们可以尽情地欢唱活动，过了这一天，也就是春游、月也季节已过，人们都要集中精力投入春耕，创造好收成，这实际上是闹春活动。"[1]

（3）庙会祭祀诸神的诞辰或忌日。诸神或为民族先祖、宗教神灵，或为造福民众的贤人达士、抵御外侵英勇牺牲的烈士，或为行业鼻祖等。在

---

[1] 杨丹妮：《口传——仪式叙事中的民间历史记——以广西和里三王宫庙会为个案》，广西师范大学2006年硕士学位论文，第18页。

关陇地区的庙会中，纪念历史（神话传说）名人的庙会类型数量也很大。它是民间尊崇礼教"畏大人"的一种表现。不忘始祖先人的丰功伟绩，每逢忌日诞辰举行庙会纪念，反映出当地民众超越岁月的感恩心理。八月初三宝鸡陈仓钓鱼台庙会，为纪念姜子牙诞辰举行。三月十八庆阳西峰温泉公刘庙会，是为纪念先周农耕文化之祖公刘的生日。农历正月十六天水伏羲庙会，是为纪念中华民族的人文始祖伏羲。农历三月二十甘肃泾川西王母庙会，是为纪念掌管金箓延寿、婚配赐子的西王母而举办。除了著名的历史名人，民间庙会还不忘保地方安危的英雄。陕西宝鸡市凤翔区春坛祈年古会的迎神赛会，是西北乡民为了纪念该地区一位抵御外侮的"大刀刘爷"[①]和瓦庙岭一带诸多山神而设立的迎神赛会。[②]

（二）庙会举办的空间

庙会举办的空间一般是以宫、观、庙、庵、祠、寺等宗教场所为中心，向四周辐射，从而形成"村有村庙，城有城庙，村有土地庙，城有城隍庙，有庙必有会"的如树植年轮般的同心地理空间圆圈。对此，张中行先生在《北平的庙会》中曾经这样描述庙会："地大庙破，人多物杂，老远望去就觉得乱糟糟，进去以后更是高高低低，千门万户，东一摊，西一案，保你摸不着头脑。但你看久了以后，也会发现混乱之中正有个系统，嘈杂之中也有一定的腔调，然后你才会了解它，很悠闲地走进去，买你所要买的，玩你所要玩的，吃你所要吃的，你不忍离开它，散了以后，再盼着下一次。"[③]

另外，在一些地方区域经济社会的历史发展中，出现了不以"庙"为名的"庙会"，其中最负盛名的当属北京厂甸庙会。厂甸庙会是老北京唯一一个不以宗教色彩为依托，在春节期间举办的纯商业性庙会。厂甸庙会

---

① "刘爷"为汉封刘家河人，系镇守雍地（今陕西省宝鸡市凤翔区）的将领，在抗击异族的侵略斗争中屡建功勋于朝廷。 明代百姓将这位民族英雄作为"开路神"设祠祭祀，与民间娱乐活动融为一体，渐成规模，流传至今。
② 赵凡、赵德利：《关陇庙会礼仪论》，《民俗研究》2015年第4期。
③ 张中行：《北平的庙会》（节选），《初中生世界》2019年第10期。

起于明嘉靖，兴于清康熙，盛于乾隆，绵延至今近400余年。其中，"厂"指的是琉璃厂，"甸"是空地的意思，"厂甸"字面意思就是"琉璃厂前面的空地"。时至今天，"厂甸庙会"的具体地理空间涵盖东西琉璃厂、大小沙土园、南新华街及海王邨公园、厂甸等地。鲁迅先生从1912年抵京到1926年离开北京的15年间，除一年的庙会错过以外，几乎是每年都去。最多的一年春节去了7次，可见厂甸庙会不负盛名。

（三）庙会参与的人员

庙会内涵的祭祀原初性及发展衍生出的动态多维性，使得庙会以其生动、质朴及立体情态而成为传统社会公共空间中的周期性大事。因此，参加庙会的人群具有相当的地方广泛性或全民性。无论男女、老幼、官民、贵贱、僧俗、良盗及有业与无业等，都如子贡所言"一国之人皆若狂"（《礼记·杂记》）的极高兴致参与其间。元代山西洪洞明应王庙会时的盛况即为全民"过会"的生动写照："远而城镇，近而村落，贵者以轮蹄，下者以杖屦，挈妻子、与老羸而至者，可胜概哉！……相与娱乐数日，极其厌饫，而后顾瞻恋恋犹忘归也。"[1]

（四）庙会的基本内容

庙会的基本内容在宗教与世俗两个层面次第展开，首要原初的内容体现为一种宗教层面的集体祭祀，即特定人群按照祭祀对象（神灵）的差异，施以不同的祭祀典礼，表达特定祭祀人群对祭祀对象（神灵）的敬畏、祈祷、缅怀等意，继而达到神人互通、娱神娱人、神人共乐的原初目的。例如在山东曲阜孔庙的祭孔大典中施行的"丁祭乐舞"或"大成乐舞"，在福建湄州祖庙妈祖祭典中施行的"三献礼"等。其后，庙会在与国家治理及民众日常生活渐趋融合的历史进程中，文化传播、人心教化和经贸往来等也日渐成为其不可或缺的基本内容。庙会成了在节庆、集市之外社会民众汇

---

[1] 廖奔：《宋元戏曲文物与民俗》，文化艺术出版社1989年版，第19页。

聚的最大的场所和机会。

附录：国家级非物质文化遗产项目（庙会，第一批至第四批）构成要素[①]

第一批国家级非物质文化遗产项目名录传统庙会的构成要素

庙会	时间	地点	主要内容
祭孔大典	阴历八月廿七（孔子诞辰）	山东省曲阜孔庙	祭拜孔子，"丁祭乐舞"或"大成乐舞"
妈祖祭典	农历三月廿三（妈祖诞日）	福建省湄州祖庙	祭拜妈祖，三献礼，八佾舞
太昊伏羲祭典	农历正月十五至正月十七（立春之际）	甘肃省天水市伏羲庙	祭拜伏羲，请神，领牲、献、抢热血；三献礼
女娲祭典	农历三月初一至三月十八（女娲诞日前后）	河北省涉县娲皇宫	祭拜女娲；公祭；以摆社（值社或上社）为主要形式的民祭
大禹祭典	农历三月廿七（谷雨）	浙江绍兴大禹陵庙	祭拜大禹，公祭每五年一祭，地方民祭和后裔家祭每年一次
白族绕三灵	农历四月廿三至四月廿四（栽秧季前的祈雨）	云南大理圣源寺、金圭寺、崇圣寺	祭拜圣源寺、金圭寺、崇圣寺神灵，祈求风调雨顺、五谷丰登、阖家平安

第二批国家级非物质文化遗产项目名录传统庙会的构成要素

庙会	时间	地点	主要内容
妙峰山庙会	农历四月初一至十五，七月廿五至八月初一	北京市门头沟区妙峰山娘娘庙和香道茶棚	祭祀碧霞元君及佛、儒、俗等诸神，进香（春香和秋香）
东岳庙庙会	农历三月十五至廿八（东岳大帝诞辰日）、春节和每月朔望之日	北京市朝阳区东岳庙	祭祀东岳大帝与民间诸神，东岳大帝出巡大典

[①] 中国非物质文化遗产网·中国非物质文化遗产数字博物馆：http://www.ihchina.cn/，及庙会举办地方政府网站相关信息的搜集整理。

续表

庙会	时间	地点	主要内容
晋祠庙会	农历七月初二（圣母诞辰）	山西省太原市晋源区晋祠	祭祀圣母邑姜，酬神、赛神
上海龙华山庙会	农历三月初三（布袋和尚圆寂）至十五	上海市徐汇区龙华寺	祭祀弥勒菩萨法会（布袋和尚）
赶茶场	农历正月十五（春社）、农历十月十五（秋社）	浙江省磐安县玉山镇	祭拜"茶神"真君大帝许逊
泰山东岳庙会	农历三月廿八（东岳大帝诞辰）、四月十八（碧霞元君诞辰）	岱庙、碧霞元君祠	祭祀东岳大帝和碧霞元君
武当山庙会	农历廿三至第二年的三月十六、九月初一至九月初十，其中三月三、九月九的庙会为最。农历三月三（真武大帝诞辰）、九月九（真武大帝忌日）	湖北省十堰市武当山地区	祭祀"真武大帝"，朝山进香、斋醮道场
火宫殿庙会	农历六月廿三火神寿辰忌日 农历二月、八月（官祭和民祭）	湖南省长沙古城坡子街火宫殿	祭祀火神祝融
佛山祖庙庙会	农历正月初六（北帝坐祠堂）、二月十五（官祭春祭）、三月初三（北帝诞辰）、八月十五（官祭秋祭）、九月初九（北帝崇升）	广东佛山祖庙	设醮肃拜，北帝巡游、演戏酬神和烧大爆等
药王山庙会	农历二月初二至正月十一	陕西省铜川市药王山药王庙	祭祀药王孙思邈

第三批国家级非物质文化遗产扩展项目名录传统庙会的构成要素

庙会	时间	地点	主要内容
北山庙会	农历四月初八（佛祖释迦牟尼诞辰）、四月初四（普贤菩萨圣诞辰）、四月十八（三霄娘娘诞辰）、四月廿八（药王孙思邈诞辰）、五月十二（关帝诞辰）、五月十三（关帝单刀赴会）、六月廿四（关帝庙会）	吉林市北山药王庙、玉皇阁、关帝庙、坎离宫、广济寺、智光寺等。	祭祀佛祖、普贤菩萨、碧霞元君、药王孙思邈、关羽等诸神
张山寨七七会	农历七月初七（陈十四娘娘诞辰）	浙江省缙云县张山寨献山庙	祭祀陈十四娘娘，会案（迎神表演）
方岩庙会	每年农历八月初至九月重阳节前后	浙江永康方岩胡公庙	祭祀"胡公大帝"（胡则）*
九华山庙会	农历七月卅（新罗国高僧金乔觉圆寂日，地藏菩萨诞辰）、四月初八（佛诞节）、七月十五（自恣日）、十月十五（阴骘大会）	安徽省池州市九华山风景区东崖寺、百岁宫、甘露寺和祇园寺等	祭祀金地藏（金乔觉），水陆大法会、浴佛法会、盂兰盆会、大愿法会、阴骘大会等
西山万寿宫庙会	农历七月廿至九月初一，其中八月初一许逊奉诏飞升，十五拔宅仙去	江西省新建县西山镇万寿宫	祭祀净明道祖师许逊，游神赛会
汉阳归元庙会	农历正月，初九为最	湖北省武汉市汉阳区归元寺	
当阳关陵庙会	春季或秋季	湖北省当阳关帝庙	祭祀关羽，演关戏等

*胡则，北宋清官，宽刑薄赋，兴革使民，勤政廉政，做了许多功国利民的好事。他筹督军粮、遣返役夫、智去虎患、整治钱荒、睦邻怀远、重辟平反、力保庄田、治理钱塘、改革盐法、兴教重才、勤廉有为，功绩卓著。明道元年（1032），他虽年已古稀，仍直言极谏，奏免衢婺两州丁钱。胡则"为官一任，造福一方"，百姓感恩，在其死后立庙祭祀，敬之若神，逐渐形成了绚丽多姿的胡公文化。

第四批国家级非物质文化遗产项目扩展名录传统庙会的构成要素

庙会	时间	地点	主要内容
蒲县朝山会	农历三月廿四至三月廿七，农历三月廿八（东岳大帝诞辰）	山西省蒲县东岳庙	四醮朝山，祭祀东岳大帝
泰伯庙会	正月初九（泰伯诞辰，亦为玉皇大帝诞辰）	无锡梅村泰伯庙	祭祀泰伯（吴太伯）
苏州轧神仙庙会	农历四月十四（吕洞宾诞辰）	苏州神仙庙	为吕仙庆寿、为家人祈福
金村庙会	农历四月初八（佛诞日，抗倭英雄金七忌日）	江苏省张家港市塘桥镇金村永昌寺	庆祝释迦牟尼诞生的浴佛活动，纪念本地抗倭民族英雄金七
浚县正月古庙会（浚县山会）	农历正月	碧霞宫、吕祖祠、禹王庙、天齐庙、天宁寺等	祭祀道教神"三奶奶"、佛教神"十八罗汉"、吕洞宾等
宝顶架香庙会	农历二月十九（观音诞辰）前后四五十天	大足圣寿寺	祭拜观音菩萨
丰都庙会	农历三月三（阎罗天子和他的妻子卢瑛的结婚纪念日）正月初九（玉皇大帝圣诞）二月初二（阎罗王天子圣诞并天子娘娘肉身成圣）四月初八（释迦牟尼圣诞），九月初八（丰都大帝诞辰）	重庆市丰都县鬼城	祭拜诸神

三、庙会的功能

庙会的功能，即以宫、观、庙、庵、祠、寺等宗教场所为中心空间、以祭神拜祖为核心内容的周期性、群体性民俗活动，对社会组织的运行与发展所产生的相关影响。或者这些宗教场所与活动于其间的参与者，在祭神拜祖等民俗事象的渐次展开中，人们双向互动中所呈现出的关系或状态。

"功能"一词蕴含"事物或方法所发挥的有利作用"的内在所指,限定了"庙会的功能"更多指向于其在社会组织运行与发展所产生的积极影响。

（一）宗教弘法

世界上的每个民族,都生活在两个世界里,一个是客观的现实世界,一个是心灵创造的彼岸世界。宗教以其特有的"向死而生"的生命智慧,为我们在这个变动不居的此岸世界,提供了诗一般生活的信仰支撑。在这个此岸世界,宗教大多以两种形式存在：一种是制度化宗教（institutional religion）,另一种是"民俗宗教"（folklore religion）或"普化宗教""扩散的宗教"（diffused religion）,又被称为"民间信仰"。前者是指中国本土产生的及外来的有系统化的教义与经典,有相当组织的教会或教堂,而其宗教活动与日常生活有相当程度隔开的宗教。比如道教、佛教、基督教、天主教等。在我们"传统庙会"语境中,制度化宗教专指向于道儒释三教。后者则是指中国乡土社会中根植于传统文化的历史底蕴之上并延续至今的有关"神明、鬼魂、祖先"的信仰和崇拜。[1]

庙会"祭神拜祖"的原初性决定了其"宗教弘法"功能的一脉相承性,宗教缺位的庙会与熙熙攘攘、利来利往的喧嚣市井无二。当然,这里的"宗教"包括制度化宗教与民间信仰两类。庙会既是制度化宗教举行宗教活动、宣传宗教教义、教化苍生民众的专属场所,同时也是民间信仰呈现自我、化人育己的公共空间。受组织形式差异制约,制度化宗教参与庙会的形式主要表现为专职宗教人员为参会信众"说经讲法""坐而论道",外显出体系化、逻辑化特点；民间信仰则更多的是参会信众,以自我或周遭邻里

---

[1] 刘目斌：《试论制度化宗教与民间信仰的互融共生性特征——以鲁西南两村祭祀类民间信仰事象为个案》,《中南民族大学学报（人文社会科学版）》2008年第2期。

的"日常生活经验"现身说法,具有较为强烈的情绪感染性。[①]

(二)文化传播

文化究其本质是人之生命存在的方式与内容,文化传播的核心也就在于人之生命存在方式与内容的递次延续。这个"延续"是人之生命的主动性选择,而非"非人"生命的遗传本能。人之生命的复合性——自然性与社会性,决定了文化传播的原初动机与终极目标均指向于"活下去"并"活得更好"。实践中,特定族群或种群的文化传播途径会表现出一定的个体差异、群体差异,甚而地区与时代差异。但是在具体传播途径的选择上无非是制度化传播与非制度化传播两种途径。其中,前者主要是指学校教育,后者则是学校教育以外其他形式的教育,包括社会教育、家庭教育以及宗教教育等。历史一再证明,包括庙会等在内的民间宗教信仰是文化非制度化传播途径中最具"日常生活"气息的重要途径。因为"中国的民间信仰是一片汪洋大海。千百年间,极其庞大而又不断扩充的神灵队伍驻守在遍布村镇城乡的各色神庙,深入到各行各业、千家万户,普通百姓时时与'有形'的神灵同在,也与'无形'的神秘力量同在,对它们的崇信渗透到风俗、习惯、礼仪、禁忌当中,影响到社会生活的方方面面"[②]。而"我们已经习惯了从汉字了解中国,从古史典籍、宫殿遗址、文物珍宝、圣贤精英、帝王将相去认识中国。但我们很少从一个农民、一个村庄、一个地域的习俗生活、一首口传的诗歌、一件民间工艺品——世界很少从民间认识中国。

[①] 中国宗教史学家牟钟鉴提出了"宗法性传统宗教"或"国家宗法性宗教"的概念,并将之确定在中国历史上"绵延数千年的正大宗教"的同时,对性质、内容和源流进行了阐述:在中国历史上,于佛儒道之外,确实存在过一个绵延数千年的正大宗教,我们称之为宗法性传统宗教。它以天神崇拜、祖先崇拜和社稷崇拜为主体,以日月山川等百神崇拜为翼羽,以其他多种鬼神崇拜为补充,形成相对稳固的郊社制度、宗庙制度以及其他祭祀制度,它的基本信仰是"敬天法祖"。它没有独立的教团,其宗教组织即是国家政权系统和宗族组织系统天子主祭天,族长家长主祭祖,祭政合一,即具有国家宗教性质,又带有全民性,故也可以称之为传统的国家民族宗教。它的祭拜对象大致有天神、地祇、人鬼、物灵四大类,它的经常性宗教活动是郊祭天地、宗庙祭祖、坛祭社稷、日月星辰,连带祭祀各类神灵。这个国家民族宗教起源于原始宗教,形成于夏商周三代,完善于汉至隋唐,一直延续到清朝帝制垮台为止,其间从未中断。
[②]《辞海》,上海辞书出版社1989年版,第5120页。

只有从民间入手,才能认识中国社会的真实面貌"①。

(三)商贸往来

庙会源起之初即与商贸交易联系在一起,《考工记》有言:"匠人建国左祖右社,面朝后市。"唐宋之际,市民阶层的兴起及城镇经济的繁荣促使庙会的商贸功能日益显著,以至于庙会之日"行而观者六,贸迁者三,谒乎庙者一"②。有些庙会甚至转化为纯粹意义的商品贸易市场。值得一提的是,中国古典小说的巅峰之作《红楼梦》最早也是通过庙会传播的,清人程伟元《红楼梦序》对此就有如下描述:"好事者每传抄一部,置庙市中,昂其值得数十金。可谓不胫而走者矣。"③民国河北《张北县志》在对庙会与社会民众日常生产生活休戚关联的条分缕析中,为我们形象勾勒了庙会之日熙攘商贸状况:④

> 县城夏历六月二十四日庙会,对于社会、家庭、经济,有种种深意存焉。此会为定期,历有年所,远近皆知,为一成不变之习惯。此时将届秋令,收获禾稼一切农具购买困难,借此会期,内地商贩运来出售,远近农民均来争购。此便于农民者,一也。各乡农民该外、外该债务,结账还债,远隔一方,殊形不易,大多数规定会期彼此接头,清结一切,无异他处标期。此便于整理经济者,二也。农民嫁娶,对于首饰、衣服、妆奁等件,购买困难,借此会期,领女携男,亲自到会购买,自由挑拣,心满意足。此便于婚嫁事者,三也。母女、姊妹出嫁后,晤面谈心实属匪易,况系农家,终年劳碌,省亲看女,探亲访友,既无暇晷,亦无机会,

---

① 加俊、葛深佳:《后土祠传统庙会的原始性与功能分析——对山西万荣县荣河镇后土祠庙会的民俗考察》,《运城学院学报》2007年第2期。
② 唐廷猷:《中国药业史》,中国医药科技出版社2001版,第257页。
③ 朱一玄:《明清小说资料选编》(下),南开大学出版社2006年版,第588页。
④ 《张北县志》,见《民俗资料》华北卷,1935年铅印本,第165—166页。

借此会期，不约而同，均可会面，各叙衷曲。此便于会亲者，四也。至口内商贩，届时争先恐后，云集会场，买卖牲畜，而各乡农民所畜牛、马、猪、羊、鸡、蛋等项，均可出售。借此活动生活费者，五也。以上各种情形，足征此会于人民关系匪浅，未可淡然视之也。

（四）休闲娱乐

休闲娱乐是人们在非工作或劳动时间，以身心的调节与放松为目的的生活选择，其对于消除体力疲劳、获得精神慰藉、提升生活品质、获得圆满人生具有重要意义。正如亚里士多德所言，正在休闲的人，才是真正幸福的。马克思将"休闲"称为"可以自由支配的时间"，他认为对于人类发展来说，可以自由支配的时间不被直接生产劳动所吸收，而是用于两个方面：一是娱乐和休息的余暇时间，二是发展智力，在精神上掌握自由的时间。与资本主义社会"自由时间"表现为资本与工人的相互对抗不同，在中国传统社会结构当中，休闲娱乐——可以自由支配的时间——更多的是以"嵌入"的方式融入农业生产劳作之中，"适时（农时）性"是其尤为显著特征。在这点上，"借佛游春"，调节"白日田中作，黄昏家内息"枯燥日子的庙会则是中国传统社会诸多民间习俗中的典型。

《隋书》卷六十二《柳彧传》所载柳彧关于"禁断"上元节的奏章，虽然句句在理，贬斥正月望夜，民众熙攘，有损教化的时弊，却也从另一个方面反映了彼时民众借佛游春的热闹与喧嚣。

开皇三年（583）：

或见近代以来，都邑百姓每至正月十五日，作角抵之戏，递相夸竞，至于糜费财力，上奏请禁绝之，曰："……窃见京邑，爰及外州，每以正月望夜，充街塞陌，聚戏朋游。鸣鼓聒天，燎炬照地，人戴兽面，男为女服，倡优杂技，诡状异形。以秽嫚为欢娱，用鄙亵为笑乐，内外共观，曾不相避。高棚跨路，广幕陵云，袨服靓妆，车马填噎。肴醑肆陈，丝竹繁会，竭赀破产，竟此一时。尽室并孥，无问贵贱，男女混杂，缁素不分。秽行因此而生，盗贼由斯而起。浸以成俗，实有由来，因循敝风，曾无先觉。非益于化，实损于民。请颁行天下，并即禁断。"

庙会不仅为乡民享受休闲提供了合理合"法"的共有时间，且为消除因小农劳作而产生的"孤立与隔膜"提供了广阔独特的公共空间。"锣鼓响，脚底痒"，乡民逛庙会或赶庙会便是他们在日常余暇调节生活、放松身心最重要的休闲方式之一。对此，叶圣陶认为："有些人说，乡村间的迎神演戏是迷信又糜费的事情，应该取缔。这是单看了一面的说法，照这个说法，似乎农民只该劳苦又劳苦，一刻不息，直到埋入坟墓为止。要知道迎一回神，演一场戏，可以唤回农民不知多少新鲜的精力，因而使他们再高兴地举起锄头。迷信，果然；但不迷信而有同等功效的可以作为代替的娱乐又在哪里。"[1]

（五）社会救济

"中国民间宗教的社会功能基本上表现在两个方面，即精神层次上的慰藉功能和行为层次上的实用功能。对执着于务实求存这一价值标准的乡里民众而言，他们固然希望从'诸神救劫'的说教中获得精神支撑，借以消解由于社会压力而引起的心灵焦灼，但他们更希望这种精神慰藉能够落实到社会行为领域，以解决人生的实际需要为归宿。"[2]

救助贫乏、赈济饥荒、举办斋会、施医舍药、敛葬贫民等既是寺庙的常态功能，也是寺庙在庙会期间举办的重要活动内容，是中国民间宗教上

---

[1] 叶圣陶：《倪焕之》，人民文学出版社1982年版，第96页。
[2] 赵世瑜：《狂欢与日常——明清以来的庙会与民间社会》，三联书店2002年版，第35页。

述两方面社会功能的具体表现。一般而言，我国历史上较大的寺庙在庙会期间，都要举办"斋会"活动，对斋民给予食物施舍。《后汉书·陶谦传》有载"每浴佛，辄多设饮饭，布席于路，其有就食者和旁观者万余人"[1]。《魏书》称："灵太后锐于缮兴，在京师则起永宁、太上公等佛寺，功费不少。外州各造五级浮图，又数为一切斋会，施（与僧众、乡民）物动辄至万计。"宋孟元老《东京梦华录》记载了北宋东京城的斋会"四月初八佛生日，十大禅院各有浴佛斋会，煎香药糖水相遇，名曰'浴佛水'，十二月初八，诸大寺作浴佛会，并送七宝五味粥与门徒，谓之'腊八粥'"。明清时皖西地区，端午节前一二天，寺庙僧尼道士往往要给附近人家送端午符，符系木刻印于黄表纸上，有老人持剑形象，并有"五月五日午时姜尚在此诸邪回避"或"太公在此，诸邪回避""飞雄镇宅"等。到端午节这天，家家都把符贴在厨房等屋内墙壁上。视姜子牙（即姜太公、姜尚、飞雄）为镇魔驱邪的正直之神。这是寺庙对民众进行精神施舍救济的一种形式。[2]

（六）情感联络

费孝通在《乡土中国》中指出："乡土社会的生活是富于地方性的。地方性是指他们活动的范围有地域上的限制，在区域间接触少，生活隔离，各自保持着孤立的社会圈子。"[3]日常的社会交际大都限于自我村落的社会空间之内，与自我村落外的社会空间联系甚少。借此庙会，不约而同，亲朋好友，各叙衷曲。

民国山西乡绅刘大鹏在《退想斋日记》里记录了庙会期间接待亲友的经历。如一九一四年三月十三日，他写道："本村兰若寺演剧，今日起，有客数十人。"[4]再如1916年七月初五，"晋祠赛会，县人抬阁，远近观

---

[1] 仲鑫：《慈善公益组织运行模式研究》，九州出版社2014年版，第52页。
[2] 《安徽各地端午节习俗大全》，https://xw.qq.com/cmsid/20190606A07EX000
[3] 费孝通：《乡土中国·生育制度》，北京大学出版社1998年版，第8—9页。
[4] 刘大鹏：《退想斋日记》，山西人民出版社1990年版，第192、234页。

者甚多，其间一带村庄，家家户户安排酒饭以待戚友"[1]。四面八方的亲朋好友借庙会之期，"从外祖母起一直到自己的女儿，女儿的小姑，几世不走动了的亲戚，因此也走动起来"[2]。大家不约而同，平时难以见面的亦均可会面，并各叙衷曲，人们的感情更为亲近融和。

（七）姻亲促合

中国传统社会合法婚姻关系的产生有着完整、体系化的民俗约定，例如影响较大的"六礼"婚仪。违背民俗约定的两性结合，会被贬损为"私诱""淫荡"或"野合"。但是无论何种民俗约定，其共同点都在于男女青年大都不可撇开村规民约，自行找寻，自我约定。适龄男女青年直接见面的机会甚少，几乎没有，双方只有接受的义务。庙会的出现，既是制造了传统社会婚仪的"制度漏洞"，同时又是对传统婚仪的"制度补充"。在"不分贵贱""男女混杂"的庙会上，适龄男女青年可以大大方方，举目端瞧。此类场景在中国古代文学作品里面常有描述。浙江宁波地区有句俗语："若要夫妻同到老，梁山伯庙到一到。"还流传着这样一首歌谣："梁山伯庙去烧香，拜拜多情祝九娘。少年夫妻双许愿，不为蝴蝶即鸳鸯。"

第二节 庙会的教化意蕴

作为中国传统民间文化的庙会，以其特有的乡土气息，在村域公共空间给予了社会民众全方位、图景式的公共生活教育，为其"过日子"的日常生活提供了当下即时性与终极根本性的支持和引领，其间的教化意蕴则是在庙会社会功能的渐次展开中得以实现。

---

[1] 刘大鹏：《退想斋日记》，山西人民出版社1990年版，第192页、第234页。
[2] 臧克家：《社戏》，《申报》1931-04-17。

一、宗教弘法——尊重生命，积德行善

宗教与作为"影响人类的两股最强大的力量"之一的科学，以各自不同的生命智慧为我们人之生命的"当下"与"未来"，提供了安身立命的凭借。其中，后者见长于理性，立足经验世界，通过概念、判断和推理，在"指谓—报道"性符号系统的展示中为我们揭示了"是什么"的"事实真理"。前者善达于感性，立足超验世界，通过信仰，在"规定—鼓动"性符号系统的展示中为我们揭示了"象征真理"。贯通科学与宗教边界的主线是趋善近美求真，原点是珍惜和尊重生命，以及由此衍生出的爱己、爱人、爱大家的生命群体观。庙会期间的宗教弘法形式除了制度化宗教所特有的斋醮法事活动之外，更多的则是普通民众——无论男女老幼，各色人等——喜闻乐见，能够亲身参与的、润物无声的生活化方式。包括拜神像、听故事、看壁画、诵箴言、把玩戏曲、品味匾额、恭领神物等。李志鹏（2019）在《"西秦腔"与庙会信仰的互动衍化——以西府三代名艺人侯烈、孙双田、吕明发师承为例》中，以符号为视角将陕西关中西府民众参加庙会弘法活动的形式分为三类[①]：

（1）静态符号。主要为道、佛、儒等宗教信众朝觐祭拜的庙内泥胎塑像及其相关扩展，主要包括：

①传说中的天神——玉皇大帝、王母娘娘、神龙炎帝、伏羲、女娲及佛教的如来、观音菩萨、十八罗汉等。

②历史人物神化——姜子牙、周公、孔子、关羽、诸葛亮等；壁画（画廊）——与供奉者相关的故事绘画，如"八仙过海"。

③历史遗迹——金台观张三丰、五丈原诸葛亮、龙门洞邱处机等；乐楼——古代为官员或名士祭拜时专门修筑的乐楼，正对神尊庙堂而设，届

[①] 中国历史上的造神，一向有个"原则"，这就是古人所说的："夫圣王之制祀也，法施于民则祀之，以死勤事则祀之，以劳定国则祀之，能御大灾则祀之，能捍大患则祀之。"（《礼记·祭法》）感恩戴德成为一种传统，也就成为一种道德教化，就是一种行为规范。

时供乐人演奏道曲、佛歌所用，如岐山周公庙元代乐楼、陈仓区钓鱼台姜太公殿前（失存）乐楼等。

（2）动态符号。主要展现于庙会信仰的各种祭祀仪典中。

①开光——塑神亮相（揭彩）或新庙竣工后供奉神位仪式，如凤翔紫荆村祭拜成吉思汗、槐原村祭拜女登娘娘（炎帝之母）等。

②伐神（伐马角）——庙会神尊纪念日祭祀的一种形式，由人扮神或假设神灵附体（便装兼巫师），受拜于庙堂说事，其如凤翔纸坊火星庙祭祀，长青韦陀（药王）菩萨祭祀等。

③接送神轿——木质神像穿布衣乘轿接来送往，如岐山周公庙姜源娘家接送于凤翔小里村，凤翔彪角老营村寡媳"娘娘"与上庄村娘家接送等。

④纸火——以纸扎的神庙及纸糊白马、乌牛（牺牲）等祭品而往庙前焚化祭奠，如凤翔姚家沟太白庙纸火会等。

（3）动静结合符号。以庙会为中心向周边延伸并流动展示，主要有社火、唱小曲、唱江湖、赛锣鼓四个方面。

二、文化传播——民族之本，本固邦兴

文化在根本意义上是人之生命群体在长期的社会实践当中，形成并积淀下来的生活方式与生活内容。其核心内核是仰天认识世界、俯地观察万物和反观审视自己，在"我的生活"和"我们的生活"当中探索、构建并传递"我的"和"我们的"宇宙图景。因此，在这个意义上，文化是不同种族、不同民族及不同国家间相互区别，"我之为我而非他"的根系所在。受时代、地区、种族、民族及国别等因素制约，文化自身也表现出相对应的特定差异。

文化传播又称文化扩散，指人类文化由文化源地向外辐射传播或由一个社会群体向另一群体的散布过程。从传播指向上，我们可以将其划分为外向型传播与内向型传播，前者主要是指文化向自我群体以外的其他群体

的扩散，后者主要是指文化在自我群体内部的扩散，又可以称之为代际传递。从传播方式上，我们可以将其划分为制度化传播与非制度化传播，前者主要是指制度化的学校教育，后者主要是指学校之外的其他教育，包括社会教育、家庭教育等。从传播内容的表现形式上，可以将其划分为物质性文化传播与精神性文化传播。

2016年6月13日，在中国民间文艺家协会第九次全国代表大会开幕式讲话中，时任中宣部部长刘奇葆明确指出[①]：要广泛开展丰富多彩的民间文艺活动，打造好"我们的节日"等品牌，用好庙会、灯节、歌会、赛龙舟等民间文艺载体，增强人们对优秀传统文化的理解和当代主流价值的认同。"庙会"已然被视为了中华文化的载体与典型，是"优秀传统文化"和"当代主流价值"的具体呈现。庙会在文化传播进程中，则更多的属于社会教育层面的群体内向型、物质性文化与精神性文化的代际传播。可以说，庙会承载了太多人的文化记忆，是我们每个人心中难以抹去的浓浓的乡愁。

梁方（2003）撰文认为[②]，从物质文化角度看，庙会赖以存在的"时间"既蕴含了发端于庙事活动的宗教性，又体现了以合"天时"的民俗性：如农历正月十五灯会，二月十九日观音诞日，三月二十八日东岳大帝诞日，四月初八佛诞日等与通祀神和乡土神的特定时日。而从庙会赖以生存的空间看，"地利"是它发生发展的物质基础，既包含自然景观的优美可登可临，又包括人文景观的深邃可鉴可赏。由于历史的积累，寺观往往成为书画、雕塑、建筑、园林等赖以附丽的宏大的艺术群落，最大限度地蕴含了他们生存时代的艺术哲学、艺术史观和审美趋向，具有可供游人评点的视觉艺术的显著特征。同时，在另一方面，与农耕文明、乡土中国对自然的顺应、

[①] 刘奇葆：《坚守民间文艺就是守护我们的精神家园》，《民间文艺动态》2016年第1期。
[②] 梁方：《城镇庙会及其嬗变——以武汉地区庙会为个案分析》，《湖北大学学报（哲学社会科学版）》2003年第2期。

敬畏相匹配，以物化形态存在、展演的庙会实则是关系到人生仪礼、家庭伦理、道德义务、历史记忆、群体认同、交往技艺和审美认知的精神性存在，是乡土中国乡民社会的"民间智慧"与"生活艺术"的集中、质朴表达。①

三、商贸往来——童叟无欺，诚实守信

商品交换就是根基于生产商品劳动的二重性，商品所有者按照等价交换的原则相互自愿让渡商品所有权的经济行为，其持续稳定的周期性往复，取决于商品交换各方能够自觉遵守价值规律，主动抵制以自我私益最大化的主观故意而采取的僭越价值与价格边界的虚假、欺诈行为。否则，无论在商品交换哪个阶段，都将即以"这个"交换无效，或无法正常进行的结果将越界者排除在外。规律惩罚结果的重复性与程度的递增性，诱导商品交换的相关方对市场规矩意识的逐渐养成。

卡尔·波兰尼（Karl Polanyi）的关于经济活动的嵌入说认为，传统社会的各种经济活动其实都嵌入于社会关系之中，而随着社会转型，经济活动越来越走向专门化，越来越独立于社会关系之外。所谓经济活动嵌入于社会之中，主要指经济活动依靠传统社会关系，如亲属关系、熟人关系等来组织、协调和构建。②依此来看，我们传统社会庙会中的定期集市是一种建立在"没有陌生人"参与的"熟人互动交往"经济活动，支撑其正常运转的凭借不是正式的市场组织、机构及市场制度，而是乡土社会民众内化于心的生活常识，即"童叟无欺，诚实守信"。因此，老实本分的乡民在庙会上与精明的商贩进行商贸往来，从来都不会吃亏。否则，"我"将在乡里乡亲"家长里短"的评论中被定性为"恶人""坏人"，以至于"我和我的家人都觉得脸上无光，感到耻辱"，"羞先人哩"（陕西关中方言），

---

①岳永逸：《朝山：庙会的聚与散》，《原生态民族文化学刊》2017年第2期。
②陆益龙：《从乡村集市变迁透视农村市场发展——以河北定州庙会为例》，《江海学刊》2012年第3期。

根本没法再去参加周期性的庙会，随即，谋生营计也难以为继。

明代中叶以后，徽州商人遵循儒家道德规范，提出"君子爱财，取之有道"，并由此形成"以诚待客""以义制利""货真价实，童叟无欺""和气生财，公平守信"等一系列商业准则和道德，并为商界所共同遵守。这里且举数例[①]：

其一，明歙西富饶商人胡仁之，"贾嘉乐（江西南丰），年饥，斗米千钱，同人请杂以苦恶，持不可"。（《大泌山房集》）

其二，婺源茶商朱文炽在珠江经营茶业时，每当出售的新茶过期后，他在与人交易的契约上注明"陈茶"二字，以示不欺。（《婺源县志》）

其三，婺源商人黄龙孙"贸易无二价，不求赢余，取其朝夕而已"。（《婺源县志》）

其四，歙县商人吴南坡说："人宁贸诈，吾宁贸信，终不以五尺童子为欺。"（《大泌山房集》）

四、休闲娱乐——舒展人性，感悟生命

休闲娱乐既是人类的本性，也是人类生活目标的终极性追求。正如《列子·杨朱》所言："忧苦，犯性者也；逸乐，顺性者也。"关于"休闲娱乐"的概念，学界论者不一。马惠娣（2003）对此有着集中表述[②]：

（1）马克思主义政治经济学："休闲"一是指"用于娱乐和休息的余暇时间"；二是指"发展智力，在精神上掌握自由的时间"，是"非劳动时间"和"不被生产劳动所吸收的时间"，它包括"个人受教育的时间、发展智力的时间、履行社会职能的时间、进行社交活动的时间、自由运用体力和智力的时间"。

[①] 盛禹久：《还是童叟无欺》，《书屋》1996年第1期。
[②] 马惠娣：《人类文化思想史中的休闲——历史·文化·哲学的视角》，《自然辩证法研究》2003年第1期。

（2）社会学："休闲"是一种社会建制以及人的生活方式和生活态度，是发展人的个性的场所。

（3）经济学："休闲"是调节市场供需关系的手段，其侧重于休闲与经济的内在联系，根据休闲时间的长短，制定新的经济政策和促进不同方面的消费，调整产业结构，开拓新的市场。

（4）哲学："休闲"是一种精神体验，是人与休闲环境融合的感觉，是人的社会性、生活意义、生命价值存在的享受。它与实现人的自我价值和"精神的永恒性"密切相关，是完成个人与社会发展任务的重要的思考空间。

（5）文化学："休闲"是人在社会必要劳动时间之外，为不断满足人的多方面需要而处于的一种文化创造、文化欣赏、文化建构的生命状态和行为方式，具有意义性和非功利性取向。

（6）美学："休闲"是一种愉悦的心理体验，产生美好感，坚定了人追求真善美的信念，表达和体现人的高尚与美好的气质。

这里，我们无意于学术层面的"休闲娱乐"之辨，而是立足于民众日常生活经验，将其直观理解为繁忙日常劳作间隙或之后的放松与玩耍。"休闲娱乐"的一个重要特征就是从劳动状态与负有责任的其他活动中分离出来，是民众日常生活的常态。

在休闲娱乐中，人们得以获得精神自由，体验自我存在，感悟生命的珍贵与美好，并借此将人的世界和人的关系还给人类自己。马克思在《德意志意识形态》一书中对未来社会获得自由发展的人们的生活做了这样的憧憬：我有可能随我自己的心愿今天干这事，明天干那事，上午打猎，下午捕鱼，傍晚从事畜牧。晚饭后从事批判，但并不因此就使我成为一个猎人、渔夫、牧人或批判者。

民国《清平县志》记载："按庙会之说始于唐时，风气相沿，于今为烈，僧徒假神道以罔布施，居民亦乘暇日以恣徉狂。每过会场，间商贾贸易寥落晨星，而前往游戏者十九而强，是庙会之设实娱乐之一端。①

庙会中最具休闲娱乐性质的活动即为源于上古"桑林乐舞"的戏剧。戏剧内容多为才子佳人、忠臣孝子之类，庄严悲烈，唱腔优美，非常适合寻常百姓的喜好，深受欢迎。在陕西关中西府，"无剧团不赶庙会，有庙会必演秦腔"几乎成了西秦乡间不可更改的定俗。人类学家华英德（Barbara Ward）说："戏剧是中国文化和价值观的具体表现"和"非常成功的老师"。②

乡民在休闲看戏之时，儒家忠孝节义，以及"善恶有报""明有王法，暗有鬼神""举头三尺有神明"等观念无形中渗入头脑，对其世界观、人生观和价值观产生相当大的影响，并成为日后审视自己和品评他人的道德依据。

五、社会救济——人际互助，自利利他

庙会依托的宫、观、庙、庵、祠、寺等宗教场所，在宣传教义，展现宗教功能的同时，也积极以救济的方式参与世俗社会秩序的构建与维护。以寺庙为例，庙会期间的救济方式主要是"斋会"，又称之为"福会""无遮大会"等。③即给僧人和民众施舍饭食，前者称之为"饭僧"，后者称之为"济贫"。历史上较大的寺庙在庙会期间，都要举办"斋会"活动。北魏时就有"斋会"施舍活动的记载，《魏书》称："灵太后锐于缮兴，在京师则起永宁、太上公等佛寺，功费不少。外州各造五级浮图，又数为一定斋会，施物动辄至万计。"是为僧人施舍设斋。同时寺庙也为百姓设斋（济贫），宋孟元老在《东京梦华录》中载有寺庙为百姓设斋的情况：四月初八佛生日，十大禅院各有浴佛斋会，煎香药糖水相遇，名曰"浴佛水"，

---

① 梁钟亭、路大遵修，张树梅纂：《民国清平县志》，凤凰出版社2004年版，第303页。
② 王笛：《街头文化：成都公共空间、下层民众与地方政治（1870—1930）》，中国人民大学出版社2006年版，第57页。
③ 无遮：没有遮拦，指不分贵贱、僧俗、智愚、善恶，平等看待。 佛家语，原指布施僧俗的大会。

十二月初八日，诸大寺作浴佛会，并送七宝五味粥与门徒，谓之"腊八粥"。

非庙会期间，宫、观、庙、庵、祠、寺等宗教场所的救济主要有如下形式[①]：

（1）天灾时为饥民施舍粥饭和米粮。

（2）经常以衣物食物等供给品施助个别特别贫寒的人。

（3）设立赠医施药的义诊对贫病之人予以救助。

（4）为赶考的学子寒士提供免费食宿等。

此外，明清皖西地区，端午节前一二天，寺庙僧尼道士往往要给附近人家送端午符，符系木刻印于黄表纸上，有老人持剑形象，并有"五月五日午时姜尚在此诸邪回避"或"太公在此，诸邪回避""飞雄镇宅"等。到端午节这天，家家都把符贴在厨房等屋内墙壁上。视姜子牙（即姜太公、姜尚、飞雄）为镇魔驱邪的正直之神。这个可以视为寺庙对民众进行精神施舍救济的一种形式。[②]

六、情感联络——恪守人伦，敦和亲情

在文化的根本属性上，人伦无疑是最具有中国传统文化特色的基核。这种文化传统以先天血缘为根基，将生物学意义上的血缘联系推衍上升为社会学意义上的伦理关系，并继而扩充为政治学意义上的国家建构。因此，基于血缘关系的家庭人伦是整个中国传统社会组织正常运转的基点。其中，先天的自然情感则是维系家庭人伦的关键，而这既为人的直觉与日常生活经验所验证，也被后天的规范（礼与法）所约束。

庙会以集会的方式为中国传统社会家庭（族）成员"唠嗑家常""嘘寒问暖"，提供了适宜的时间与空间。人的个体性与群体性的复合统一决

[①] 曹仕邦：《从宗教文化背景论寺院经济及僧尼私有财产在华发展的原因》，《华冈佛学学报》1985年第8期。
[②] 关传友：《皖西地区庙会的文化考察》，《皖西学院学报》2011年第1期。

定了这个特定的"时间与空间"既具有公共性，也具有私密性。在维系家庭人伦的同时，也在强化国家的建构。

正如明恩溥所言："不管这些亲戚朋友是否已经被邀请，其实都没有什么分别。就一般的村民来说，来访者总是要来的，即使他们确切地知道没有什么人希望他们来拜访。"他甚至认为"中国人并不具有好客的美德特性，尽管他们一直自我炫示这种美德特性。然而，不管一个人的感情如何，他都得装着好客的样子"①。

在甘肃张家川汉族庙会上，当地汉族群众有个习俗，就是在庙会之际会把出嫁的闺女邀请到娘家逛庙会，叙旧拉家常。这实际上是一个情感加深和相互体恤的过程。再如，民国山西乡绅刘大鹏在《退想斋日记》里记录了庙会期间接待亲友的经历。如1914年三月十三日，他写道："本村兰若寺演剧，今日起，有客数十人。"②再如1916年七月初五，"晋祠赛会，县人抬阁，远近观者甚多，其间一带村庄，家家户户安排酒饭以待戚友"③。是日，四面八方的亲朋好友借庙会之期，"从外祖母起一直到自己的女儿，女儿的小姑，几世不走动了的亲戚，因此也走动起来"④。大家不约而同，平时难以见面的亦均可会面，并各叙衷曲，人们的感情更为亲近融和。

七、姻亲促合——一缘一会，成人之美

在中国传统社会，合法婚姻的产生受既定严密乃至烦琐礼法相关约束，适龄青年男女不便于相互直接认识并交往。庙会事实上也就是在礼法之外为适龄青年男女相识，促合姻亲提供了制度补充。当然，参与这个"补充"的男女双方，依然要遵守婚姻礼法的严格规定。否则，双方既得不到各自家庭（族）的支持，也得不到所处社会的认同，从而以妥协或被驱逐的方

---

① 明恩溥：《中国乡村生活》，时事出版社1998年版，第62页。
②③ 刘大鹏：《退想斋日记》，山西人民出版社1990年版，第192页、第234页。
④ 臧克家：《社戏》，《申报》1931-04-17。

式接受社会的教化。

在我国古代文学作品及现当代武侠小说中，庙会时常被设计为男女主人公偶遇、相识、相恋并许定终身的主要背景。如《西厢记》中崔莺莺与张珙的姻缘和合就在普救寺；《牡丹亭》中杜丽娘与柳梦梅的姻缘成就在梅花庵；《歧路灯》中，巫家翠姑娘与谭绍闻在山陕庙会上的一见钟情；《十错认春灯谜记》中宇文彦和韦影娘在元宵节灯会猜灯谜，互生情愫，终成姻缘；潮剧《陈三五娘》中陈三和黄府五娘在元宵灯节邂逅，一见倾心。

此外，各地的风俗遗存对此亦有反映。在甘肃张家川汉族庙会上，人们会把已定亲的儿媳邀到家里过庙会，除情感交流之外，还能借机考察姑娘是否"得体，懂人情"，是否"有家教"。通过庙会期间的观察，若婆家对未婚媳满意，"打发"姑娘（给钱或买衣服）是必需的环节。汉族的这种习俗已经被"嫁接"到当地回族习俗中，回族群众也会利用庙会的时机考察未来儿媳。他们给未婚媳的钱都可以用同一方言"差（读音：ca）带"来表述。在太原晋源等地的庙会上"挤姑娘"就很富有特色，即青年男女打扮整齐，在庙会上小伙子寻找如意姑娘，若寻找到就上前去挤。姑娘若看中小伙子，就在挤的过程中紧紧抱住他，其他人退去。若姑娘不中意，小伙子就要挨打受骂。[①]此外，此村姑娘与彼村小伙子婚姻搭桥，媒人撮合，双方长辈见面、定亲，往往会选择在庙会上碰头解决。

---

① 高有鹏：《中国庙会文化》，上海文艺出版社1999年版，第243页。

第六章 遗 嘱

遗嘱，俗称交代后事，是人于生前或弥留之际对自己身后诸事的嘱咐与安排。其间既有对物质财产的处置，同时也有对短暂人生感悟的传递。继承人在物质财产的承受与人生感悟的聆听中，心灵得以涤荡，生命意蕴为之提升。

第一节 遗嘱概述

一、遗嘱的教育学界定

在我国的《继承法》中，遗嘱被界定为公民生前依照法律规定的方式和要求处分遗产及其他事务，并于死亡时发生效力的意思表示。在法律实践中，遗嘱效力的发生主要表现在，以法律条文的刚性约束而趋向于有形物质财产的处分上，但是对遗嘱人于继承人的无形的内心关切则很难夯实于实际。这点可以在《继承法》第一条"保护公民的私有财产的继承权"的立法目的中得到印证。所以，在应当意义上，这个大家所"熟知"的遗嘱效力仅仅是一个"有限效力"，而非"完全效力"。其个中理由我们不能简单地将之归咎于法律的孱弱，因为法律只能约束外化性的事实行为，而不能干预人内心潜在的活动自由或选择。况且，"有限效力"在根本上是缘于遗嘱内容本身的多维性。意即除了对有形物质财产的处分外，遗嘱还包含有遗嘱人更多的、但却无法用言语表白于尽的无限期待，如未竟之事、未酬之愿等。而且在事实上，心智健全的遗嘱继承人从一开始就应当或多或少、或强或弱地感受到了其间内容的多维性。只不过遗嘱继承人能否将遗嘱效力的"完全性"坚守于终，则在根本上取决于他对遗嘱内容的领悟层次与认同程度。于是乎，在"先人"相同或相似的殷切期望中和默默注视下，"后人"的人生也就激荡和徘徊于善恶、美丑和真假之间。

至此，在遗嘱界定的法律说之外，我们认为应当尝试给予其教育学审视，以期赋予学科性的"育人之说"更丰富、更真实的生活气息，为每一个生命的圆满寻求更多、更有效的教育关怀。因为人本身即为终极目的，是任何学科赖以存续的根本。在教育学的广义视域中，凡是能增进人的知识技能、影响人的思想品德、增强人体质的活动都可以称之为教育，其中包括制度化的学校教育和非制度化的家庭教育及社会教育。如前所述，遗嘱人假以遗嘱为载体，面对继承人所进行的后事性嘱咐与安排，在应当意义上属于非制度化的广义教育。循此，我们可以将遗嘱界定为：遗嘱人以生死诀别为背景，以表情、手势、动作、语言和音像等法律认可的方式，将自己的所有，包括物质财产、精神财富，以及人生期盼，向与其有某种先天或后天社会关系的人，所进行的面对面，且毫无保留地安排和交代，是遗嘱人人生体验的高度凝练与概括。由于遗嘱人的个体差异，其所立遗嘱并不必然地指向于善的一面。所以，本文所论遗嘱是基于人性善的逻辑起点，而对"其人将死，其言也善"之类的遗嘱展开论述的。

二、遗嘱的教化特点

与其他类型的广义教育相比，遗嘱式教育具有其鲜明的个性：

（1）教化背景是生死诀别。"背景"与"前景"相对应，是人们意识对象所依存的"土壤"，是衬托主体事物（前景）的客观存在，其主要作用是渲染与烘托主体。它与教育学中的"环境、情境、氛围、场域"术语等同义。在人成长的一生中，我们虽然可以在某种程度上，主动选择符合自我偏好的教化背景，如教育机构、工作单位、人际交往、文化传统等，但是生死诀别的教化背景却不具有选择性，换句话说，我们只能接受，不能回避，也无法回避。

（2）教化方式是逆向的向死而生。在日常教育或制度化学校教育中，出于对"死亡"的恐惧与忌讳，我们大多习惯性地"谈生避死""以生视死"。这样的教育方式固然对人养成正确的生死观具有正向的激励，但是这种缺乏"死亡临界"体验的直白式说教的有效性却值得商榷。20世纪六七十年代西方发达国家的学校教育机构中，死亡教育或生死教育的逐步兴起，即是对其上怀疑的现实性应对。

（3）教化内容是遗嘱人短暂一生的瞬间再现。再现的是遗嘱人自身的人生感悟，包括人生不同阶段的社会性角色扮演与个性化角色追求中的骄傲和缺憾。所有这些均以高度凝练的简洁方式，尤其是语言方式，向作为教化对象的继承人进行传递。

（4）教化效果的强烈震撼性。教化之道的根本是授人以安身立命之渔，意即生死大义。然而，在我们未曾意识或面临"死"之必然的时候，我们会心驰于外地执着于以竞争性生存为目标的利益性追逐。同时，现代社会而非传统社会的殡葬制度，以流水线的方式掩饰了死亡的真相，淡化了死亡的恐惧。从而如掩耳盗铃般地使我们远离了生命本身，回避了死亡。但真相是掩盖不住的，遗嘱以棒喝的方式将死亡赫然置于我们的眼前，死亡的模糊性、缥缈性当下遁去，呈现的唯有死之必然的清晰与明确。

第二节 遗嘱教化意蕴的发生过程

作为一种习俗式的教化资源，遗嘱教化意蕴主要体现在对人内心世界的影响上。在心理学看来，这个影响就是人的心理在外界因素的刺激下，所做出的常态性或应然性反应。具体讲，我们依据心理认知的一般原理，可以将遗嘱教化意蕴的发生过程分解为三个阶段：棒喝警醒—反躬自问—求索人生。

一、棒喝警醒

棒喝原为佛教禅宗用语，指禅师接待初机学人时对所问不答而代以棒打口喝的方法。它后来成为社会日常用语，如一声棒喝、当头棒喝等词语，比喻促人醒悟的警告。对于人这个具有生命意识的特殊物种，死亡早已不是陌生之物，它始终是我们人类内心深处的无法克服的集体焦虑，隐隐作痛，自古至今，以至永远。面对焦虑，我们采取了两种选择：一是执着于当下的"生—死"；二是抽身而出的"死—生"。前者为芸芸世人，始于"有"，终于"无"，期盼来世；后者为空灵圣人，始于"无"，终于"有"，向往宁静。世人因执着于当下，而易迷失自我，降格为物性存在。圣人清心寡欲、置身度外，积淀而为神性存在，是为世人心灵之标尺。世人执着既久，沉疴已深。遗嘱以惊雷乍响般地棒喝，将死亡的必然性警醒于世人，对其浑浑噩噩的物性存在给予断然否定，促使其成规式意识路径在风雨雷霆之力的冲击下发生快速逆转，并进而引发其反思顿悟。正如美国实用主义哲学家理查德·罗蒂在《哲学和自然之镜》中所说："教化性的话语应当是反常的，它借助异常力量使我们脱离旧我，帮助我们成为新人。"①

遗嘱棒喝警醒我们：第一，人的生命是有限和短暂的，人的死亡是必然的，无法回避；第二，人是意识性存在，价值与意义是人之为人的根本。

二、反躬自问

"要是一个人学会了思想，不管他的思想对象是什么，他总是在想着

---

① ［美］理查德·罗蒂：《哲学和自然之镜》，李幼蒸译，商务印书馆2003年版，第338页。

自己的死。"[①]遗嘱棒喝警醒我们不得不正视死亡，接受死亡，在以死反观生的逆向审视中，找寻实现人生价值与意义的维度。而这维度也就是在对一个古老哲学命题的持续性质疑中得以恒久动态地把握：即我是谁，我从哪里来，我要到哪里去。对这一命题的回答，虽然存在时代、地区、民族、种族、文化、文明，甚至年龄、性别等的差异，但是在满足人价值与意义的实现旨趣上却是相通的。人类实践活动所创造的所有成果在终极意义上，也都是指向于人内心深处对死亡恐惧与焦虑的化解上。

三、求索人生

在对生命本原的终极性追问中，人类历经千年所积淀的、化解死亡恐惧与焦虑的路径无非两种：第一，来世论；第二，今生论。来世论者，以宗教为最，其以灵魂不死为念，为人开辟了另一个精彩世界。在那里，人并不孤独，人是永恒的。今生论者，以非宗教的各种学说、主张为主，其强调的是人当下的现世存在，注重在当下的努力存活中，达到内心的充盈与安宁。在中国有恪守仁道的孔孟儒学，在欧洲有崇尚理性的柏拉图理念说、康德绝对命令说等，"来世""今生"虽然路径不一，但殊途同归，其共同之处都在于教导我们每个人积德行善，抑恶扬善，坚信趋善尽美求真的品性是化解死亡恐惧与焦虑，并努力成为"一个好人"而得以永生的根本之道。遗嘱继承人在被警醒，且反躬自问后，必然会对自己的生活重新安排，或者做出一定的调整。而这个安排与调整也必然会遵循"来世""今生"的既有路径选择，在漫漫人生路上下求索。因为人虽然是创造自己历史的主人，但是人却不能随心所欲地创造，而只能在直接碰到的、既定的、从过去继承下来的文化传统中去创造。既有条件会如梦魇般纠缠着我们的大脑。

[①] 周国平：《周国平哲理美义》，广东人民出版社1999年版，第56页。

第三节　遗嘱教化意蕴有效发挥的基本条件

遗嘱教化意蕴的有效发挥取决于遗嘱品性，它涵盖了与遗嘱相关的遗嘱人的德行、遗嘱内容执行的完全性，以及继承人的自觉认同度三个要素。依教化要素论来看，上述三者间的协调合作是形成遗嘱品性的肯綮所在。

一、遗嘱人的德行

常识告诉我们，被教化者对教化者的评价与教化的有效性之间存在着密切的关系，它将直接决定双方的心理距离，以及由此而产生的融合度。在被教化者所设定的"我的评他"指标体系中，他者，即教化者自身的德行是为其所关注的焦点。榜样的力量是无穷的。教化者自身"好的"德行将激励和引导被教化者自我内化教化者的精神品质，生成自我价值观念、道德人格及理性生活方式等。现实中，遗嘱人在立遗嘱之际，或因言语表达，或因身体状况，或因时间局促等因素，其遗嘱表白不一定清楚、准确和及时，而遗嘱人盖棺定论式的一生"好的"德行则是对遗嘱本身最好的诠释。当然，那种作恶一生，临到弥留之际方才幡然醒悟，放下屠刀，立地成佛者给予继承人的"善"的教诲也是强烈的。

二、遗嘱内容执行的完全性

本书所涉的遗嘱内容就是遗嘱人对继承人"交代"的所有内容，既包括我国《继承法》中所限定的"公民私有财产"的刚性处置，同时也含有遗嘱人对继承者"最起码要努力去做一个好人"的主观期待。"遗嘱内容执行的完全性"也就是建立在这两个维度之上。然而在法律实践中，针对遗嘱人私有财产的处置，我们完全可以按照《继承法》的相关规定，照章执行。但对于遗嘱人的"道德期盼"却显得无能为力。这里，西方遗产继承制度建构中的衡平理念对于我国《继承法》的进一步完善提供了有益的借鉴。

西方遗产继承衡平理念源于古希腊的家族协同说，其后伴随着人类社会的历史进程，而逐渐演变为中世纪的意志说和近现代的社会利益说。该理念的主旨就是以公平与正义——法律追求的永恒价值——来解释遗产继承法的法理和精神，并借以对实质正义的追求，使公民遗产在个人、家庭与社会的利益均衡中得以公平处置，从而达到惩恶扬善，维护秩序，满足社会及其成员安全感的需要，保障每一个人都过上人类应有的生活。以"遗嘱自由"和"公序良俗"原则为边界的遗嘱执行人制度则是西方遗产继承衡平理念具体外化。正如彭诚信所言："继承法是非常重要的法学分支，它对社会的连续性所起的作用就像DNA对生物物种的生存一样关键。既然我们最终都要死亡，社会就必须再生它自身的每一代，不仅仅是生物的再生，而且还有社会的及其组织结构的再生。该基本过程并不神秘。一代接一代的通过教育、抚育孩子以及其他一些以老一代的形体塑造新一代的过程，使得社会结构和规则因而也盘结交错。当然了，财产继承也扮演了一个很重要的角色。没有继承法，就没有诸如世袭财产、贵族或世家一类的事物。每一代都要重新开始，社会结构也将发生根本改变。"[1]

由此，我们可以尝试我国《继承法》的如下调整：

（1）变遗嘱人财产继承中的一次性转移方式，为分阶段多次转移方式。我国现行《继承法》对于继承过程中的财产转移所作的规定，调整的是遗产的一次所有权转移，即遗产所有权从被继承人转移至继承人这一次物权变动，继承，即告结束。但是以继承结束为起点，以遗嘱人"最起码要努力去做一个好人"的道德期盼为矩，现实中的继承人（包括单数与复数）违背遗嘱人意愿，或沉沦为恶，或徘徊于善恶之间的实例远非个案。基于法律尊重人权、缅怀逝者、弘扬美德的本义，遗嘱人遗产的利益能够在时

---

[1] 彭诚信：《继承法》，吉林大学出版社2000年版，第9页。

间上进行分配就存在可能与必要。具体讲,我们可以时间为据,将遗嘱人的遗产分为若干份(既可均等,又可非均等),根据继承人践行遗嘱人道德期盼的程度,逐步分阶段执行遗产转移。但是随即又产生了两个困惑:遗产分阶段转移的执行者是谁?继承者践行遗嘱人道德期盼程度的判定如何进行?

(2)构建我国遗产信托制度。即遗嘱人将自己的财产权转移至受托人名下,由受托人按照遗嘱人的意愿以自己的名义,为继承人的利益或特定目的管理或处分的行为,而不是在其死亡后直接地、一次性地转移到继承人。在遗嘱中,遗嘱人一定要明确地记载信托的宗旨、信托的目的、信托财产和受益人。其中"受托人"既可以是自然人,也可以是法人。当然,受托的自然人或法人必须具备一定的法律资质。构建遗产信托制度的有效性,其实早已在世界两大法系国家遗嘱执行人制度中得以体现。

(3)尝试遗嘱公示制度。即将遗嘱人的遗嘱内容公布于众,在与继承人利益相关的社会范围内形成一个有效的监督场域。其中有四点说明:其一,遗嘱公示不同于遗嘱公证。遗嘱公示是一种道德监督,它指向的是遗嘱继承人践行遗嘱人道德期盼的努力程度。遗嘱公证是一种法律行为,它证明的是遗嘱人所立遗嘱的真实性、有效性和合法性。其二,遗嘱公示的范围应当是以与继承人利益相关的社会场域。包括具有血缘关系的家庭或家族成员和地缘、业缘关系的社会机构,如工作单位、生活社区、村委会等。其三,遗嘱公示应当注意公权与私权合理、合法的边界,防止公权对私权的僭越。其四,遗嘱公示的时间设定。既然遗嘱属于习俗式教化资源,那么其公示时间的设定就应当对中华民族传统的丧葬习俗,以及各个民族自身的丧葬习俗有所考虑。

三、继承人的自觉认同度

自觉认同度是指实践主体以利益偏好为基准,而对其与客体关系的亲疏远近所持的一种心理倾向。自觉认同度高，则意味着主体与客体的关系融洽；否则，即为一种紧张态势，二者相互排斥。继承人的自觉认同度的实质在于生命相互间的尊重、信任和爱护，它穿越生死时空，将不同的心紧紧联系在一起。生者慰藉了逝者，逝者支撑了生者，二者彼此相偕，共同实现了生命的永恒。

客观讲，包括遗嘱人和继承人在内的每一个人，都有选择自己生活方式的自由，只要这一选择不妨碍他人的自由即可。我们将"继承人的自觉认同度"作为影响遗嘱教育功能有效发挥的要素之一，有如下的考虑：一是出于生者对逝者的尊重与缅怀，而对生者提出的力所能及、尽其可能的作为期待。二是没有苛求生者刻板地按照逝者遗愿，雷池不越半步地规矩行事，而是定位于趋善尽美求真的生命终极意义上，期望继承人能够体谅遗嘱人的一番善意，"努力去做一个最起码的好人"。

第七章 葬礼

人生百年，终有一别。死亡是我们生命历程中无法回避的终极归宿。人之生命的主体实践性，使得我们对待死亡的方式与态度具有非人生命不可比拟的主动选择性。在态度上，我们经历了由不忍直视的被动接受向正视直面的坦然转变；在心理上，我们体验了由痛苦、恐惧、慌乱向接受、认可，甚而安然欢喜的跌宕。这种"转变与跌宕"既蕴含在真实、具体的个体生命且无法替代的"我的生活"当中，同时也贯通在自古至今乃至未来的群体生命代代为继的"我们的生活"当中。葬礼即是以神秘、繁琐、冗长、费时甚而花费昂贵的仪轨，对这种"转变与跌宕"的"凶礼"类习俗直观、生动的映照。其中，儒家所倡导的土葬，以"入土为安"为时空界点，以"逝者—生者"交叉互动为主轴，围绕生者内心安然与否的起伏跌宕，从心理体验与身份塑造两个方面解构了二者之间的既有世界，并重新构建了二者之间的新世界。至此，生死一体，阴阳相望，日常生活渐趋恢复平静。

第一节 葬礼概述

一、葬礼的界定

葬礼即"丧葬礼仪"的简称，通俗讲，"葬礼"即是关于"死亡"的礼节与仪式。"丧"与"葬"在《说文解字》中也有着字源性的释义：

丧，亡也。从哭从亡。会意。亡亦聲。

葬，藏也。从死在茻中；一其中，所以荐之。《易》曰："古之葬者，厚衣之以薪。"

在我国传统习俗语境中，"丧"与"葬"复合所形成的礼节与仪式属于"五礼"之中的"凶礼"，即丧葬之事。（祭祀之事为吉礼，丧葬之事为凶礼，军旅之事为军礼，宾客之事为宾礼，冠婚之事为嘉礼，合称五礼。）其涵盖了始死到葬毕虞奠的整个过程。按照内容发生顺序与差异，古代丧葬制度大体分为丧礼、葬礼和祭礼三类：所谓丧礼者，是指下葬前的仪式，停止一切娱乐和交际，服丧守孝哀悼。所谓葬礼者，是指葬式、葬法、墓葬规格以及陪葬等。所谓祭礼者，是指对死者的祭奠和供奉。[1]孝道是古代社会治理的重要基石，孝道之至即为事死如事生，事亡如事存，慎终追远。其间，跨越生死，维系逝者与生者联系的纽带是以"难舍难分"为特征的苦痛类情感。因此，与其他"四礼"相较，葬礼的时代变迁节奏较缓，具有相当的稳定性与传承性。

仪式是人类社会特有的富含意义的有意识行为，其通过设定的符号及符号间的内在关联，以程式化、外显化的形式跨越了可知世界与不可知世界之间的边界，从而为"我的"及"我们的"过去、现在与未来提供了生存之道与意义支撑。"葬礼实际上是将生理意义上的死亡，通过一定的

---

[1] 郑岩：《葬礼与图像——以两汉北朝材料为中心》，《美术研究》2013年第11期。

程式转化为文化意义的再生,逝去的亲人以另外的一种形式'复活',并在文化体系中获得一个新的位置。由此,葬礼可以理解成对死者的神圣化,通过仪式的转换,将其从亡去的先人进入祖先的类群。从这个意义上,我们大致可以把葬礼视为死者的通过仪式,经过一系列的仪式之后,生与死的分隔被打破,它也由威严的家长成为尊荣的祖先。"[①]

二、葬礼的特征

在我国传统社会,儒、道、释分别以各自不同却又相互补充的济世安民之术为民众构建了意义支撑的生活图景,并以包括葬礼在内的诸多习俗的方式融入人们日常生活境域之中。葬礼在体现道家、佛教差异等影响的同时,则更多表现出儒家文化所倡导的以"仁"为本的人伦性。

(一)重孝道

"孝"在《说文解字》"老部"中的释义为:"孝,善事父母者。从老省、从子,子承老也。"从字形上分析,上为"老",下为"子",既可以理解为"子"是"老"之拐杖,要赡养扶持"老"之生命;又可以视之为"老"以手抚摩"子"头,呵护、养育"子"之生命的成长。其间,"老"与"子"以血缘和拟制血缘为根基而衍生出的亲情为纽带,相互搀扶,共同生活,共叙人伦。

汉建立之初,深以秦苛刑峻法二世而亡为戒,注重以"孝"为核心的天下伦理秩序的重新构建。"汉制使天下诵《孝经》",在国家治理层面提出"以孝治天下",选吏举孝廉。天子、诸侯、卿大夫、士人与庶人在各自不同伦理角色的践行合力中,逐步促成了孝道风俗的形成。

《论语·阳货》记载:"孟懿子问孝,子曰:'无违。'樊迟御,子告之曰:'孟孙问孝于我,我对曰无违。'樊迟曰:'何谓也。'子曰:

[①] 张海超:《大理洱海地区白族葬礼研究——兼论"礼"的视角在人类学仪式分析中的应用》,《云南社会科学》2010年第1期。

'生,事之以礼;死,葬之以礼,祭之以礼。'"借此,儒家将其主张的"孝道"在生命的时序上,跨越了生死阻隔,以"葬礼"的形式,将逝者与生者连缀起来,形成绵延不绝、千秋万代的生命之流。《荀子·礼论》亦载:丧礼者,以生者饰死者也,大象其生,以送其死,事死如生,事亡如存。"在历史发展的长河中,即使具体的形式或内容稍有变通,而中国丧礼慎终追远、事死如生、崇尚厚葬、以礼教孝的精神却一脉相承。"[1]

（二）明宗法

在我国传统宗法社会的组织结构中,"家""族"与"宗"是古人基于血缘姻亲关系（包括拟制血缘）的亲疏远近,以伦理秩序的厘定而划分的同根同源,但人群不一的社会组成的基本单位。其中,"家"者,指由婚姻而结成的共同生活的夫妇所组成的人群最小单位。"族"是放大了的"家"。"族"者凑也,聚也,谓恩爱相流凑也。上凑高祖下至玄孙,一家有吉,百家聚之,合而为亲。"宗"者,尊也,为先祖主也,宗人之所尊也。[2]因此,"宗"是同族之主,是同姓之内的祖先的代表,因其有功或有德于同姓,后代之人就尊其为"祖"或"宗"。所谓"宗族"就是共同祖先界定出来的父系群体,其中"宗"是同族中尊一人为主,其余的人则服从他这种区别主从关系的"宗",世代相传,并遵守一定的法则,即"宗法"。礼曰:"宗人将有事,族人皆待。古者所以必有宗何也？所以长和睦也。大宗能率小宗,小宗能率群弟,通其有无,所以经理族人者也。"[3]因此,宗法的主要社会功能就在于以血缘（包括拟制血缘）为基点,构建并维护特定等级的社会伦理秩序,意即明辈分、界嫡庶、辨长幼、定主从。宗法在"家（宗）族大事"葬礼中的集中表现是"五服制",即俗语所讲的"披麻戴孝"。

---

[1] 严昌洪:《民国时期丧葬礼俗的改革与演变》,《近代史研究》1998年第5期。
[2] 许结:《尊祖敬宗:中国古代家族·宗法制（二）》,《古典文学知识》2001年第7期。
[3] 彭兆荣:《重建乡土社会之宗族景观》,《中国民族大学学报（人文社科版）》2017年第9期。

五服制是我国传统社会关于丧服的民俗约定，用以区别生者与逝者在血缘关系的亲疏远近。五服之内为亲，五服之外为疏。古代的五服，依礼制由重到轻依次分为斩衰（音 cuī）、齐衰、大功、小功和缌（音 si）麻五个等级。血缘关系越亲近，丧服等级越重，反之则越轻。之所以有数量方面的"五"的限定，则是源于古人对生物学意义上血缘关系变迁的生活经验，即大宗百世不迁，小宗五世则迁。礼服越重，形制就越粗糙；反之，就越精细。

关于"五服"的界说[1]：

斩衰。衰是粗麻布制的上衣，斩是不缝边的意思。子为父、妻为夫、父为长子，都要穿这样的衣服，表示亲缘关系最密切、最重要。守丧时间为三年。

齐衰。稍细些的熟麻布制成的且缝边的上衣。守丧对象不同，穿齐衰的时间也不同。父卒为母、母为长子，守三年；父在为母、夫为妻，杖，一年期；为祖父母，不杖，一年期；为曾祖父母，杖，三个月大功。

大功。比齐衰精细的熟麻布做成的丧服。"功"指织布的工作。穿大功者，表示死者与自己的关系疏远一些。大功是九个月的丧期。男子为出嫁的姐妹和姑母、为堂兄弟和未嫁的堂姐妹，女子为夫之祖父母、伯叔父母，为自己的兄弟，均用大功。

小功。小功的麻布丧服就更细一些了，服丧期也缩短到五个月。主要是为外祖父母，为祖父母的兄弟，为隔两房的堂兄弟（指同曾祖父母的叔伯兄弟）等。

缌麻。这是最细而精致的麻布丧服，服丧期也缩短到了三个月。主要是为岳父母、为女婿、为舅舅等，象征对外姓亲属的相对疏远。同姓中比较远的亲属，如为祖父母的堂兄弟、为曾孙，也都只是缌麻。

---

[1]福建省尤溪县政协学习和文史资料委员会：《尤溪文史资料·尤溪民俗》第18辑，第97页。

（三）显等级

在古代社会，国家治理层面的人群等级化是为常态，其既表现为外化的显性制度限定，同时也内化于隐性的心理趋同。传统葬礼习俗中的等级制度主要表现在死亡称谓、饭含、棺椁、坟墓与祭奠等。

1. 死亡称谓

《礼记·曲礼》记载："天子穆穆，诸侯皇皇，大夫济济，士跄跄，庶人僬僬。"在生活的各层面规范着每个等级所应遵循的行为准则，死亡也不例外："天子死曰'崩'，诸侯曰'薨'，大夫曰'卒'，士曰'不禄'，庶人曰'死'。"时代变迁，社会阶层构成略有差异，但这些差异未能撼动中华文明对死亡等级规范的坚守，《唐书·百官制》："凡丧，二品以上称薨，五品以上称卒，自六品达於庶人称死。"[1]

2. 饭含

饭含，亦称口含、饭玉、含口、含殓，即将米、贝、玉、珠等物置于口中，是我国古代的一种丧葬习俗。《白虎通·崩薨》载："所以有饭含何？缘生食，今死，不欲虚其口，故含。用珠宝物何也？有益死者形体，故天子饭以玉，诸侯饭以珠，大夫以米，士以贝也。"把粮食放在口中叫饭，把珠玉器物放在口中叫含。《礼记·杂记》中也有"天子饭九贝，诸侯七，大夫五，士三"。西汉刘向在《说苑·修文》中也说："天子含实以珠，诸侯以玉，大夫以玑，士以贝，庶人以谷实。"唐代规定：一品至三品，饭粱含璧。四品至五品，饭稷含碧。六品至九品饭粱含贝。明代一品至五品饭稷含珠，六品至九品饭粱含小珠，庶人饭粱含铜钱三枚。

如果违背丧仪的规定，官府往往会以"僭越"的罪名查办。史载：汉桓帝时，宦官赵忠僭越礼制，私自使用"玉匣"葬父，结果，被"发墓剖棺，陈尸出之，而收其家属"[2]。

---

[1] 过常宝：《死亡文化》，中国经济出版社2014年版，第55页。
[2] 范晔：《后汉书》，中华书局1965年版。

3. 棺椁

棺与椁是墓葬的基本内容，是装殓尸体的器具。二者的含义及相互之间的关系，《礼记·檀弓上》有着清晰的记载："葬也者，藏也，欲人之弗得见也，是故衣足以饰身，棺周于衣，椁周于棺，土周于椁，反壤树之哉。"即周尸为棺，周棺为椁。"棺"就是直接与尸体接触的最里层的那层器具，"椁"是套在"棺"外面的器具。因为"棺"在内，"椁"在外面，所以"棺"又被称为"内棺"，"椁"被称为"外椁"。董仲舒《春秋繁露·服制》记载：生有轩冕、服位、贵禄、田宅之分，死有棺椁、绞衾、圹袭之度。可见"棺椁"在古代具有显示死者社会身份与地位的功能。"棺椁"在古代礼制中有着严格的等级划分，如在周代，"天子棺椁七重，诸侯五重，大夫三重，士再重"。对于庶人而言，受经济条件所限，死后能有一副"薄棺""入土为安"就算"不枉此生"了。《论语·先进》："鲤也死，有棺而无椁。"

【原文】

君大棺八寸，属六寸，椑四寸；上大夫大棺八寸，属六寸；下大夫大棺六寸，属四寸，士棺六寸。君里棺用朱绿，用杂金鐕；大夫里棺用玄绿，用牛骨鐕；士不绿。君盖用漆，三衽三束；大夫盖用漆，二衽二束；士盖不用漆，二衽二束。君、大夫鬊（shùn）爪；实于绿中；士埋之。

君松椁，大夫柏椁，士杂木椁。棺椁之间，君容柷，大夫容壶，士容甒（音：wǔ）。君里椁、虞筐，大夫不里椁，士不虞筐。

4. 坟墓

《说文解字》："墓，墓丘也。从土莫声。""坟，墓也。从土贲声。"在字形上，二者都与土葬有关。"坟"与"墓"的区别在于，"土之高者曰坟，葬而无坟谓之墓"。（《礼记·檀弓》）即在墓穴上堆起大土堆就叫作坟，只是下葬而没有堆起土堆叫作墓。据《史记》《汉书》等文献记载，东周以前的墓葬是"墓而不坟"的，"墓而坟"是由春秋时期的孔子开始的。

第七章 葬礼

《礼记·檀弓》记载了孔子寻找父亲墓地的故事,孔子幼年丧父,长大后想去祭奠父亲,却找不到墓地,后费尽周折才找到。为了便于日后祭奠,他就在父亲的墓上培土垒坟并种树作为标志。"孔子曰:'古也墓而不坟,今丘也,东西南北之人也,不可以弗识也。'于是封之,崇四尺。"①(《礼记·檀弓》)

其后,坟墓的名称、高度大小、随葬品之多寡以及碑志的规格等,都在礼制中有了明确的规定,下不得僭上。从战国中期开始逐步形成了中国封建社会墓葬制度的基本特色。圣人坟墓称"林",如山东曲阜的孔林、河南洛阳的关林。帝王坟墓称"陵"②。贵族坟墓称"冢",一般官员或富人称"墓",平民百姓称"坟"。在同一等级之内,坟墓的大小、高低、排列、方向、装饰也有区别,后代不能超越先祖,官职低的不能超越官职高的等。③④

中国古代社会对墓地的规定

等级		朝代				
		唐	宋	元	明	清
公侯					100方步	
一品	面积	90方步	90方步	90方步	90方步	90方步
	坟高	18尺	18尺		18尺	16尺
二品	面积	80方步	80方步	80方步	80方步	80方步
	坟高	16尺	16尺		16尺	14尺
三品	面积	70方步	70方步	70方步	70方步	70方步
	坟高	14尺	14尺		14尺	12尺

---

① 《史记·孔子世家第十七》:丘生而梁叔纥死,葬于防山。防山在鲁东,由是孔子疑其父墓处,母讳之。【索隐】谓孔子少孤,不得知父坟处,非谓不知其茔地。徵在笄年适于梁纥,无几而老死,是少寡,盖以为嫌,不从送葬,故不知坟处,遂不告耳,非讳之也。
② 关中自古帝王州,先后留下了十三座秦汉帝王陵。有秦始皇嬴政陵、秦二世胡亥陵、汉高祖刘邦长陵、汉惠帝刘盈安陵、汉文帝刘恒霸陵、汉景帝刘启阳陵、汉武帝刘彻茂陵、汉昭帝刘弗陵平陵、汉宣帝刘询杜陵、汉元帝刘奭渭陵、汉成帝刘骜延陵、汉哀帝刘欣义陵、汉平帝刘衎康陵。此外,还有著名乾陵。关中西部宝鸡渭北陵园分布有唐代凤翔节度使、陇右节度使李茂贞与其夫人贤德太夫人刘氏按照唐代帝王陵规格建造的夫妻合葬的大唐秦王陵。
③ 陆建松:《魂归何处——中国古代丧葬文化》,四川人民出版社1999年版,第178—179页。
④ 侯幼彬:《中国建筑美学》,中国建筑工业出版社2009年版,第170页。

续表

等级		朝代				
		唐	宋	元	明	清
四品	面积	60方步	60方步	60方步	60方步	60方步
	坟高	12尺	12尺		12尺	10尺
五品	面积	50方步	50方步	50方步	50方步	50方步
	坟高	9尺	10尺		10尺	8尺
六品	面积	20方步	40方步	40方步	40方步	40方步
	坟高	7尺	8尺		8尺	6尺
七品以下	面积	20方步	20方步	20方步	30方步	20方步
	坟高	7尺	8尺		6尺	6尺
庶人	面积	20方步	18方步	9方步	30方步	9方步
	坟高	7尺	6尺		6尺	4尺

注：①"步"字在古代是一种长度单位，古人以举足一次为一跬，举足两次为一步。即后脚尖到前脚尖之间的距离，通常为一步。关于"一步"的长度界定，历代不一，如周以八尺为一步，秦以六尺为一步，后亦以五尺为一步。唐太宗李世民把自己的双步，也就是左右脚各走一步，定为长度单位"步"；还规定步的五分之一为1尺，300步为1里。据研究，唐代的一步为1.514米，1唐里折合454.2米。
②明、清关于墓地围墙规定。
明代：公侯墓地围墙高一丈；一品官墓地围墙高九尺，二品官墓地围墙高八尺，三品官墓地围墙高七尺，四品官墓地围墙高六尺，五品官墓地围墙高四尺。
清代：一品官墓地围墙周围35丈，二品官墓地围墙周围35丈，三品官墓地围墙周围30丈，四品官墓地围墙周围30丈，五品官墓地围墙周围30丈，六品墓地围墙周围12丈，七品以下官墓地围墙周围12丈，庶人墓地围墙周围8丈。

5. 祭奠

祭奠是逝者"入土升天"之后，生者悼念逝者的仪式设计。《说文解字》："祭，祀也。从示，以手持肉。""奠，置祭也。从酋。""祭"与"奠"合并复合为"祭奠"，意即生者将祭品摆放在祭台上祭祀逝者。按照传统礼仪，祭奠发生的空间一般是生者在阳世为逝者亡灵建立的寄居之所，即宗庙。《礼记·王制》及《春秋穀梁传》载：天子七庙，诸侯五，大夫三，士一。天子七日而殡，七月而葬；诸侯五日而殡，五月而葬。此丧事尊卑之序也，与庙数相应。其文曰："天子三昭三穆，与太祖之庙而七；诸侯二昭二穆，与太祖之庙而五。"故德厚者流光，德薄者流卑。《春秋左氏传》曰："名位不同，礼亦异数。""自上以下，降杀以两，礼也。七者，其正法数，可常数者也。宗不在此数中。宗,变也,苟有功德则宗之,不可预为设数。"①

庶人不准设庙。宗庙的位置,天子、诸侯设于门中左侧,大夫则庙左而右寝。庶民则是寝室中灶堂旁设祖宗神位。

(四)尚土葬

土葬既是我国传统的埋葬方法,又是汉族最为普遍的丧葬惯制。我国一些少数民族也实行土葬。如维吾尔族、哈萨克族、回族、蒙古族等。其主要程式包括以棺木敛尸,在事先选择好的墓地开挖墓穴,下棺掩埋,堆砌出坟头以做标记。土葬一方面源于远古先民对土地持有的神秘而又质朴的信仰,土地被视为万物之母。《礼记·祭义》曰:"众生必死,死必归土,此之谓鬼。骨肉毙于下阴为野土,其气发扬于上为昭明。"《礼记》亦载:魂气归天,形魄归于地。《说文解字》释义"土"为"地之吐生万物者",落叶归根,返本归原,土地是人的最终也是最理想的归宿。

另一方面,土葬也是古人出于一些实际考虑而不得已做出的选择。上古之际,《易》曰:古之葬者,厚衣之以薪,藏之中野,不封不树。对此,《吕氏春秋》认为,"孝子之重其亲也,慈亲之爱其子也。病于肌骨,性也,所重所爱,死而弃之沟壑,人之情不忍为,故有死葬之义。"是故《墨子》曰:"古圣王制为葬埋之法,棺三寸足以朽体,衣衾三领,足以覆恶。"②因此,土葬也契合了农业文明背景下,儒家所倡导的"农本商末""重农抑商"治国理念与生活方式。土葬与否,以及土葬的薄厚差异,成为是否守孝道的重要依据。

依今天医学观点来看,土葬的另一个好处是卫生,深挖深埋,依靠土壤的自净作用使尸体达到无害化和无机化,较之不事掩埋的处理方法要卫生得多。

此外,在土葬墓地的选址上,古人认为有五点要注意:"惟五患者不

---

①朱溢:《事邦国之神祇——唐至北宋吉礼变迁研究》,上海古籍出版社2014年版,第168页。
②孙诒让:《墨子·间诂·节葬下》,中华书局1988版,第163页。

得不慎，须使异日不为道路，不为城郭，不为沟池，不为贵势所夺，不为耕犁所及。一本所谓五患者沟渠、道路、避村、落远、井窑。"①

第二节 葬礼的教化意蕴

丧葬礼俗以"入土为安"为时空界点，以"逝者—生者"互动为主轴，围绕生者内心的"安然"与否的起伏，从心理体验与身份塑造两个方面解构了二者之间的既有世界，并再次构建了二者之间的新世界。

一、入土前的不安

亲人的逝去，或偶发突然，或寿终自然，抑或其他，无论何者都会对生者的心理、生理乃至精神产生强烈冲击。生者在目睹亲人逝去，或知晓亲人死讯的那一刻起，情不自禁、发自肺腑，至真、至纯的情绪瞬间失控，喷涌而出，难以自禁。其间，以"痛苦"与"恐惧"为最，以及因"痛苦"与"恐惧"而投射于外的社会身份或角色认同的紊乱。

（一）因失去而产生的痛苦

痛苦是一种广泛而不安的人类感受，其本源于人之生命的自然性与社会性的复合统一。前者表现为自然生命的"食不果腹，衣不蔽体，命悬一线，朝不保夕"，属于生理上的疼痛苦楚；后者则表现为社会生命的"苦闷彷徨，四顾茫然，无处安身，不知所归"，属于精神上的折磨苦闷。而也正是后者——社会性生命——的存在，才厘定了人与非人的存在边界，以及人本身的存在。人之自然生命与社会生命的复合性统一性决定了前后两种痛苦相依缘起，不可决然分割。显然，因亲人的逝去而缘起的痛苦更多地属于社会性生命的不安与焦灼。

---

① 〔清〕方岱修、李有益纂修：《光绪昌化县志》，海南出版社2004年版，第176页。

亲人（族）是因婚姻、血缘和拟血缘而产生的社会关系，各方在长期的共同生活中，形成了彼此熟悉、信任与依赖的家庭（族）生命共同体。与其他类型共同体相比，维系该生命共同体的支点不是可以量化的利益，而是内隐于心、灵犀一点的脉脉亲情。任何一方的缺位都会对其间相关各方的内心情感造成沉重打击，甚至在根本上威胁到该共同体的稳定与存续。历史上、现实中，因亲人逝去而导致的家道中落，家庭（族）解体的事例几成常态。

（二）因可能而想象的恐惧

恐惧是"一种由于想象有足以导致毁灭或痛苦的、迫在眉睫的祸害而引起的痛苦或不安的情"[①]。它产生于对即将来临、将会导致毁灭或痛苦的灾祸的臆想。依心理发生机制的内在驱动，这个"恐惧"趋向于两个维度：

（1）死亡恐惧。亲人的逝去，使"死亡"以前所未有的冲击，真实、直观地呈现在生者眼前。而这种"冲击强度"在"逝者"与"生者"之间社会关系亲疏远近背景下会表现出明显差异。显然，双方关系愈是亲近，"冲击强度"愈大，反之，愈小。心理学认为，所谓的死亡恐惧（死亡焦虑）通常是包含恐惧、威胁、担忧、不舒服等类似负面情绪反应，以及在心理动力意义上的以没有清晰对象的弥散性恐惧为特征的焦虑在内的一组死亡态度的总称。[②] Hoelter（1979）从死亡恐惧内容出发，构建了有7个维度的死亡恐惧量表[③]：①对濒死的恐惧。②对死后未知的恐惧。③对毁灭的恐惧。④对影响重要他人的恐惧。⑤对意识到死亡的恐惧。⑥对死后身体的恐惧。⑦对未成年死亡的恐惧。时至今日，尽管医学、生物学等领域的科学探索，对死亡给出了"是什么、为什么和怎么办"的科学解释。但是，任何人都无法对死亡经验做出感受上的具体说明，在风险的可能性、死亡

[①] 亚里士多德：《修辞学》，罗念生译，三联书店1991年版，第81页。
[②][③] 周雪梅、韦庆旺：《超越恐惧：基于老年死亡态度的视角》，《南京师大学报（社会科学版）》2013年第2期。

的不可重复性和人理性的有限性背景下，面对死亡，人们更多地倾向于信其有、不信其无的生活常识。死亡恐惧（死亡焦虑）成为人们的日常生活的一部分。

（2）阴鬼恐惧。"鬼"在《说文解字》中的释义为：人所归为鬼。从人，象鬼头。鬼阴气贼害，从厶。凡鬼之属皆从鬼。因此，古者谓"死人"为"归者"，即人死为鬼。因"人"与"鬼""幽明异路，阴阳道隔"，"鬼"的世界是一个未知或阴森恐怖的世界。日常生活中，除却个人天赋和主观努力之外，人们常将时来运转、逢凶化吉之事大都归结为神灵的佑助和先祖的荫庇；相反，凡厄运不断、险境迭出之事都被视为"阴鬼"作祟，人们敬而远之，唯恐避之不及。"凡人不病则不畏惧。故得病寝衽，畏惧鬼至。"（《论衡·订鬼》）而将死之人阳气渐衰，阴气渐盛，去人远，去鬼近，故遇鬼、见鬼乃至灵魂出窍的可能性大大增强。

（三）因痛苦、恐惧而产生的身份混乱

如众所论，中国传统文化是以血缘为根基、以情理为内驱、以五伦为主轴的家庭（族）伦理型文化，而非西方注重个人终极意义追寻的真理型文化。每个人在出生的那一刻起，就被"嵌入"在既定的家庭（族）伦理关系网格之中，并在各自人生不同阶段的递次推进中，被赋予安伦尽分，极具荣光的神圣义务。其内隐的生命智慧将人们对死亡的恐惧，化解于家庭（族）伦理关系网格中以"本分"为指向的约束与激励当中，从而在家庭（族）中每个成员相互间形成了以"本分"为支点的因果平衡。家庭（族）与个人间的伦理边界明确，生活图景清晰、稳定。亲人的逝去动摇了家庭（族）与个人间因果平衡的"本分"支点，弱化了"本分"指向，模糊了生活图景，以至于生者将内心的痛苦与恐惧，以"你走了，我该怎么办"的悲痛哀号中投射到外在伦理角色扮演的混乱。

二、入土前不安的礼俗应对

逝者长已矣，生者如斯夫。面对亲人的逝去，生者唯有坚强地努力生活，方可慰藉亲人的亡灵。丧葬礼俗设计的原初动机，即是在生死视域下为代代生者活下去并活得更好提供充分理由，创造必要条件。在这个意义，葬礼礼俗的本质可以视为群体帮助个体走出生命困境的强势介入，体现的是一方有难八方支援的民族美德和社会公德。

（一）稀释痛苦——人死不能复生，节哀顺变

我国古代社会传统丧葬礼俗在《礼记·问丧》《礼记·曲礼》《礼记·间传》《礼记·檀弓》等篇中都有详细记载。从临终、初终、殡葬到祭奠等主要环节，都有着明确、具体乃至烦琐的规定和要求。其目的也就在于针对逝者渐去、生者渐痛的情势变化，从中医与伦理角度设计出相对应之策，避免以死伤生。王治军撰文在《中国特色的悲伤抚慰——传统丧葬礼俗视角》（2019）和《传统丧葬礼仪的文化及价值》（2018）中指出：中国传统社会丧葬礼俗蕴含的生命智慧，对于化解丧亲悲伤，帮助人们恢复生活常态具有积极意义。其中，亲朋好友之间陪伴支持与互相安抚慰藉，是中国传统悲伤抚慰的重要特征。这里，我们扣其主旨，撮其要点，综丧葬礼俗凡例，探讨如下：

1. 临终与初终：亲人死亡的渐趋接受

丧亲之痛源起于亲人病笃临终（垂危）之际，而非亲人死亡之后。因此传统礼俗规定，亲人病重之后子女要"昼夜侍，不离床"。此般规定有着两方面的考虑：

（1）中医观察。中医认为，白天和夜晚，是阴阳交叠运行的，人体会随之而调整，白天阳气运行，夜里阳气潜藏，阴气用事。所以《黄帝内经》说：夫百病者，多以旦慧、昼安、夕加、夜甚。子女"昼夜侍，不离床"可以全方位动态观察亲人身体状况，掌握疾病症状，以便有的放矢，及时

对症下药。这个在医学上又被称为时间医学。

> 黄帝曰：夫百病之所以生者，必起于燥湿、寒暑、风雨、阴阳、喜怒、饮食、居处，气合而有形，得脏而有名，余知其然也。夫百病者，多以旦慧昼安，夕加夜甚，何也？岐伯曰：四时之气使然。
>
> 黄帝曰：愿闻四时之气。岐伯曰：春生，夏长，秋收，冬藏，是气之常也，人亦应之，以一日分为四时，朝则为春，日中为夏，日入为秋，夜半为冬。朝则人气始生，病气衰，故旦慧；日中人气长，长则胜邪，故安；夕则人气始衰，邪气始生，故加；夜半人气入脏，邪气独居于身，故甚也。
>
> ——《黄帝内经·顺气》

（2）心理预期铺陈。通过陪伴与服侍，子女可以从心理上为亲人离世做好准备。从这个意义上讲，我们可以将"久病床前无孝子"的俗语析解为道德批判与事实陈述两个维度。前者对应于恪守孝道的无条件性；后者假以行孝道极致之名，获延长与强化心理预期，弱化死亡恐惧之实。这里，我们既无意否定与贬损孝道，也没有为遗弃、虐待老人正名。只是探讨对于生者的一种无法公开宣讲但有收益的可能事实。

亲人断气后，子女将其遗体从卧室搬到正厅或临时架设的床板上（又被称为搬铺、打厅边、移水铺、出厅下等），亲人们与临终者做最后道别，借此可以表达预期悲伤。男性死亡称为"寿终正寝"，女性死亡称为"寿终内寝"。传统习俗认为人如果死在床上，将会冲犯到"床母"，亡者灵魂将永远留在床上，永世不得超生。"正寝（内寝）"即正厅，其为家中最神圣不可侵犯的地方，祖先、神灵都供奉在此。如果在这个位置寿终才死得其所，灵魂将会得到超生，到了阴间才能与祖先、亲人团聚不至于孤单。《仪礼·士丧礼》载："士丧礼。死于適室，幠用敛衾。"正厅的"铺"

通常由两张凳子和三块木板组成，或者用三张凳子和两块木板组成，取意棺材整体"四长两短"板中的"三长两短"板。同时，人们认为取单数意为临终者将单身上路，这样就不会拉着家属做伴，同样说明了人们对死亡的恐惧。在小殓和大殓过程中，子女至亲全程在场参与，谓之"随侍在侧，亲视含殓"。在为逝者沐浴、穿衣裹被、入殓装棺过程中，将亲人已逝的事实渐趋接受。

2. 殓殡葬过程：仪式流程的痛苦抚慰

一般而言，仪式是指受一定规则支配的象征性或表演性行为。在功能意义上，仪式的参与者尤其是核心参与者在仪式所塑造的特定氛围中会发生认知、情感、态度等心理要素内容的变化，从而在一定程度上达成了对异于日常生活的事件（死亡、权责变化、身份转换）的心理缓冲功能。传统殡葬礼俗的仪式流程，尤其是在非我同类族群看来，那些烦琐甚至怪异、荒诞的内容，可以在一定程度上抑制丧亲者内心产生空幻和虚妄之痛，并借行礼如仪的过程转移和化解悲痛，从而使生者的日常生活恢复常态。马林诺夫斯基在《文化论》中关于丧葬礼仪有着很经典的论述："死前的仪式，正好证实了一个垂死的人在莫大冲突中得到情绪上的展望；而死者的亲属，遭逢此绝大损失，便坠入方寸皆乱的情绪中，这种情绪对个人或社区都是危险的，倘若没有丧葬仪式——这仪式也是普遍存在的，加以调剂，其危险就难以克服。守尸、埋葬以及一切对于离魂的帮助，都是生人同死人间的一种精神上的合作。在这些仪式中，处处都表现着关于死后继续存在及生死人间互助的信条。"[1]

（1）调适心理

礼制关于小殓、大殓与殡都有着长短不一的时间规定。其目的不仅是"俟其生，防尸厥"，为其"家室衣服"之计具和远亲毕至留出充足时间，而

---

[1] [英]马林诺夫斯基：《文化论》，费孝通译，华夏出版社2002年版，第83—84页。

且也是在心理调适上为丧亲者留出适应期。当然，受阶级社会等级制度的限定，权贵阶层与平民阶层在"这个"时间上的规定存在着较大的差距。

《礼记·问丧》记载：

> 或问曰：死三日而后殓者何也？曰：孝子亲死，悲哀志懑，故匍匐而哭之，如将复生然，安可夺而殓之也，故曰三日而后殓者，以俟其生也，三日而不生，亦不生矣，孝子之心，亦益哀矣，家室之计，衣服之具，亦可以成矣；亲戚之远者，亦可以至矣。是故，圣人为之决断以三日为礼制也。

《礼记·王制》曰：

> 天子七日而殡，七月而葬。诸侯五日而殡，五月而葬。大夫士庶人，三日而殡，三月而葬，三年之丧。

（2）理气排郁

丧亲之痛难以言表，易生悲哀郁闷之气，若不及时排解，易致人昏厥。所以，礼制不仅规定有一天早晚两次的朝夕哭，还有捶胸顿足"辟踊哭泣"的规定。同时，大声呼喊、捶胸顿足还具有"魂兮归来"的招魂、唤醒死者的功能。

《礼记·问丧》曰：

> 三日而敛，在床曰尸，在棺曰柩，动尸举柩，哭踊无数。恻怛之心，痛疾之意，悲哀志懑气盛，故袒而踊之，所以动体、安心、下气也。

（3）因丧致福

在传统丧葬礼俗中，大殓装棺时子女至亲全体参加，由孝子亲自钉下封棺的钉子，名之为"子孙钉"，又名"镇钉""刹死扣"，一般是七个。

寓意后代子孙兴旺发达，以此来化解丧亲悲痛。

墓地选择中的风水考究，一方面以美好的自然环境愉悦丧亲者，转移情感，化解悲伤。另一方面则告知此地能够荫庇子孙，福荫后代。这些都会给人以慰藉与活下去的信心和勇气，这与宗教中永恒天堂和极乐世界的慰藉作用是同样道理。①②

关于中国的风水学，李约瑟给予了高度评价，他认为"风水理论包含着显著的美学成分和深刻的哲理，中国传统建筑与大自然环境完美和谐的结合，令中国的建筑文化美不胜收。风水理论实际是集地理学、气象学、景观学、生态学、城市建筑学等等的一种综合的自然科学……风水对中国人民是有益的，如它提出植树木和竹林以防风，强调流水近于房屋的价值。虽在其他方面有迷信之处，但它总是包含着美学成分，遍中国农田、居室、乡村之美，不可胜收，都可借此得以说明"③。

3. 邻里乡亲：提供人情关怀支持

邻里乡亲参与协助丧亲之家的治丧事宜，遵循的是日常生活中再质朴不过的常识：有钱出钱，有力出力，无钱无力者捧人场，从而给予丧亲之家外在的人情关怀支持系统。正如罗伯特·F.墨菲（1991）所言："葬礼是在可控制的条件下减轻悲哀和内疚的良机，参加者在艰难困苦和迫切需要之时相互安慰相互勉励。悼念者聚集一起重建彼此间的社会关系，将死

---

① 陆建松：《魂归何处：中国古代丧葬文化》，四川人民出版社1999年版，第57页。
　儒家信奉"入土为安"的观念，所以对"相墓地"十分重视。宋代儒家大师程颐在其《葬法决疑》文中认为"夫葬者，藏也，一藏之后，不可复改，必求其永安。故孝子慈孙，尤所慎重"。相墓地也叫看风水，按晋代学者郭璞在其《葬书》中的说法，认为埋葬死者要寻找和利用有生机的地气，这就是乘生气，而生气见风则散，遇水才止，古人尽可能使它不散，让它聚集，所以便叫风水。埋葬死者，若能找到生气所在的地方，让死者能乘生气，那是最完美的。程颐在其《葬说》中认为，墓地的风水好，则死者的神灵就安宁，其后代就人丁兴旺，荣华富贵，好比大树的根。
② 岳菲：《伦理教化多禁忌》，河南大学出版社2005年版，第97—98页。
　旧有"十不葬"民谣：一不葬粗顽块石。二不葬急水滩头。三不葬沟源绝境。四不葬孤独山头。五不葬神前庙后。六不葬左右休囚。七不葬山冈缭乱。八不葬风水悲愁。九不葬坐下低小。十不葬龙虎尖头。
③ 李约瑟：《中国科学技术史》，科学出版社2008年版，第10页。

者置于已死的社会地位上,重申生活现在继续下去的主题。"[1]

对此,《礼记》中都有着相关记载。

"知生者吊,知死者伤。知生而不知死,吊而不伤。死而不知生,伤而不吊。"(《礼记·曲礼上》)

"兄弟,赗[2]、奠可也。所知,则赗而不奠。知死者赗,知生者赙[3]。"(《仪礼·既夕礼》)

"适墓不登垄。助葬必执绋[4]。临丧不笑。望柩不歌。"(《礼记·曲礼上》)

"邻有丧,舂不相。里有殡,不巷歌。适墓不歌。"(《礼记·曲礼上》)

"行吊之日,不饮酒食肉焉。吊于丧者,必执引[5]。若从柩及圹[6],皆执绋。"(《礼记·檀弓下》)

在陕西关中西府,主家报丧之后,同村之人基本上都会积极参与。其间尤为重要的一点是,所有人相互间的称呼均是以丧亲之家的父母辈为基点,按照辈分推衍出的拟血缘称谓,从而形成了一种扩大化的家庭。其中,村中德高望重者或村主任即为此次丧事的"合法"管事人,称为总管。其职责主要有两项:一是司仪,确保丧葬礼仪的有序、规范与完整;二是人、财、物的适时与合理调度。同村邻里乡亲每家都会派人在管家的安排下按照性别与年龄参与到整个丧葬过程。女性主要是采购、帮厨,男性主要是打墓守墓、搭建灵棚、记账收礼钱、起灶、上饭、看香、迎客、抬棺、下棺、

---

[1] 罗伯特·F.墨菲:《文化与社会人类学引论》,商务印书馆1991年版,第233页。
[2] 赗:fèng,送财物助人办丧事。
[3] 赙:fù,拿钱财帮助别人办理丧事。
[4] 绋:fú,古代出殡时拉棺材用的大绳。
[5] 引:古代柩车的绳索。
[6] 圹:kuàng,墓穴,亦指坟墓。

填墓以及最后的院落卫生打扫等。村中年长者主要是临场坐镇，提醒年轻人可能疏漏的地方。

（二）缓解恐惧——事死如生，阴阳两界自有定分

恐惧本身是一种情绪反应。情绪"三因素论"认为情绪的产生受三个方面因素的影响，一是刺激源，即可能引起情绪反应的客观刺激；二是适宜情境，即维持特定情绪反应相适宜的情境或客观环境；三是主观认知，即情绪反应的主体自身对客观刺激和环境的相应认知。三者缺一不可，任何一个因素的缺位都无法引起主体的情绪反应；即便在已经产生情绪反应的情况下也可以消除或降低主体情绪反应的强度。尽管科学的昌明，以实证的方式充分揭示了生命的起源与死亡，甚至生命的克隆复制。但是，人在情感上实在是无法接受这一短暂而又残酷的事实，永恒始终是人存在的终极向度。当"人"意识到"我""必死无疑"，毫无悬念的时候，即在本能恐惧的驱使下为自己构建了一个如生般，甚而似仙般的"死后"世界。在那里，"我"依然存在。从而跨越了生死边界，填充了死后可能的"无何有之乡"，给生者活下去的希望和临终者死而无憾的心理满足。生者为临终者或死者，或生者为自己准备的器物，无不蕴含着生死如一，阴阳一体的主观构建与期待。同时，为避免"死后"世界的混乱和"生前"世界的有序，人们反求诸己，利用自我"信其有，不信其无"的投机心理，在丧葬礼俗中设置了诸多禁忌，并通过丧葬礼俗的神秘性将其植入死亡意识当中成为集体共识。对此，陕西关中农村有个非常质朴和充满日常生活气息的表述：麦子黄了，就要收割哩，还能一直长在地里面。

（三）重塑角色——伦理关系的失衡与整合

中国传统家庭（族）伦理关系网络形成之后，在人的正常的生命周期内，其具有相当的稳定性。随着人丁的增、减，既定的家庭（族）伦理关系网络将以"扩充式"延续和"递补式"延续两种方式保持稳定。其中，"扩

充式"延续指因婚姻关系或收养关系而产生的添丁加口,对家庭(族)伦理关系网络的"增容"。"递补式"延续指因亲者逝去而产生的人丁减少,对家庭(族)伦理关系网络的"减容"。若发生了不以人意愿为转移的天灾人祸,如洪水、地震、战争、疾病等,幸存之人会以"五服"为据,从"父系"与"母系"两路血脉,重新确立彼此间的伦理格局,并恢复日常生活。其后千秋万代,周而复始,绵延不绝。丧葬礼俗正是以逝者为中心,通过冗长、烦琐甚至神秘的仪式在逝者与生者之间构建了"自家"的伦理空间,逝者支撑了生者,生者承继了逝者,二者间伦理生命互动所激发的张力,有效化解了自然生命的终结对家庭(族)伦理关系网络稳定的干扰与破坏。李永萍(2018)在《仪式的"礼"化:一种社区秩序再生产机制——关中地区丧葬仪式的田野考察》一文中指出:丧葬仪式的基本目的是化解死亡造成的断裂。(关中)丧葬仪式中以死者为中心聚焦的社会关系服从特定的伦理规则,在父子则为孝道与家庭的绵延,在门子则为归宗与认同,在村庄则为人情与公共性的生产,在"外家"则为对死者生命的守护,这些不同层次的关系通过重新界定和强化死者与差序格局中之生者的关系,在延续了死者的伦理生命的同时,也实现了家庭和社区秩序的再生产。

三、入土后的安然复归

墓穴是土葬礼俗中逝者栖身的最终空间,从最后一抔黄土添上坟头、上香礼祭之后,在事死如生、阴阳一体的秩序场境下,逝者与生者之间的关系就发生了"有限的扩大式心理距离"的变化,双方因此而相互"安然"。

(一)尽孝道的生者获得社群赞誉

中国传统社会是一个以农业生产为根基的熟人社会,"方圆不过百里"世代定居的生活方式,使得人们在熟悉的空间和人群中成长。"每个孩子都是在人家眼中看着长大的,在孩子眼里周围的人也是从小就看惯的。"[1]

---

[1] 费孝通:《乡土中国·生育制度》,北京大学出版社1998年版,第9页、第10页。

人与人之间建立起了"从时间里、多方面、经常的接触中所发生的亲密的感觉"[①]。人与人之间各项社会交往的正常进行和"这个"而非"那个"熟人社群的稳定与存续，在相当程度上依赖于家庭（族）伦理型规范的约束与激励。否则，在抬头不见低头见的邻里乡亲间根本就无法"活人"。其中，基于伦理本分的"我的名声"和"我们的名声"最为关键，是"我的"和"我们的"日常生活中的一件"大事"。"名声"又称为"声誉""声望""信誉""口碑"等，其一般是指普遍被认定的一个人的品德或者某人受到的评价。对于那些无法载入春秋史册的寻常百姓而言，其良好"名声"生发的场境除了"安伦尽分，过好日常生活"之外没有他途。在传统古代社会，以"尊老敬老、养老送终"为主旨的"孝道"不仅是个人修身齐家的德行根本，而且也是治国平天下的肯綮与逻辑必然。生者在家庭（族）丧葬仪程中的中规中矩，甚而悲痛过度、致孝繁琐的真实性与程序性的表现，自然会赢得同村乡里乡亲的充分肯定，并以"口耳相传"的方式将"这个家庭（族）"的孝道之举递相传播。是如齐燕（2018）所提出的：当丧事的社会性价值超越本体性价值的时候，它就具有了通过仪式再生产社会性价值评价的功能，子女通过给老人办一场体面的葬礼就可以获得村民的正面评价。这个评价主要体现为三个方面：

（1）"这个家庭（族）"的后人白事办得好，把老人"安埋"得体面。（"安埋"系关中俗语）

（2）"这个家庭（族）"的老人教子有方，家庭（族）和睦，后人都有本事，香火旺盛。

（3）"我的"和"我们的"后事也要这么办，至少不能比"这个家庭（族）"差，要不就让人笑话去了。

相反，未能如此这般"安埋"老人的"那个家庭（族）"，关中农村

[①] 费孝通：《乡土中国·生育制度》，北京大学出版社1998年版，第9页、第10页。

将其斥之为"没有礼法""不懂事""糊弄老人""丢先人"等,而"那个家庭(族)"日后也会成为邻里乡亲时不时用来调侃的饭后谈资和公共教育资源。

(二)"安埋"的逝者成为庇护后人的"先祖"

在我国传统文化的宇宙观中,世界被划分为阳世与阴间,二者是井水不犯河水的迥异世域。人的生命是阴阳和合涤荡魂魄而成,其中,人死之后"魂气"升天而为"神","魄气"归地而为"鬼"。这种二元性观念隐含着"生与死、人与鬼、子孙与祖先、阳世与阴间"的对立并存。打破界限,沟通阳世与阴间的"合法、规范"途径即为以逝者为中心而举行的丧葬礼俗。其间,死亡与逝者本身并不能直接打通"二元"对立阻隔,它必须假以特定的丧葬仪式,才能在此界凡俗的人力和彼界的神鬼力之间借以祭、燔和埋的方式实现交流沟通,从而帮助逝者由凡夫俗子升格为具有灵异法力的神鬼。"祭"者,即生者以礼物的形式呈献给天神和地鬼的祭品。祭品一般包括食物、玉帛、礼器、血和人等,食物又包括牺牲、粢盛以及新鲜果品蔬菜和酒等。"焚"者,即燔烧,包括上香和烧物。其中,"上香是一种通过正式表达敬意来开始(与神鬼)交流沟通的行为。上可比之于臣民对君主,下可比之于主人对客人。"[①]"烧物"既包括燔烧逝者生前所用实物,以及明器、纸扎和纸钱等物,也含有生者献祭神鬼的祭品。人们坚信这些东西经过燔烧就会变成了真东西、真衣服、真马、真轿子、真金白银等。其意在于既满足逝者阴间生活所需,又讨好结交神鬼;同时"一烧而尽",燎清"生与死、人与鬼、子孙与祖先、阳世与阴间"的边界。"埋"者,瘗埋。一方面生者将逝者安埋于地下,将其送入势所当然的阴曹地府。另一方面,生者将祭品献于地鬼,埋于地下。《礼记·郊特牲》孔颖达疏:"地示在下,非瘗埋不足以达之。"另外,死亡毕竟不是吉事,属于凶事,

---

① 彭牧:《祖先有灵:香火、陪席与灵验》,《世界宗教文化》2012年第4期。

"祭、燔和埋"至少可以在形式和心理上，剥离出去，弱化生者因死亡而产生的痛苦与恐惧。张海超（2010）在《大理洱海地区白族葬礼研究——兼论"礼"的视角在人类学仪式分析中的应用》一文中指出："葬礼实际上是将生理意义上的死亡，通过一定的程式转化为文化意义的再生，逝去的亲人以另外的一种形式'复活'，从而在文化体系中获得一个新的位置，其身份由亡去的家人进入祖先的类群。"但是，人与逝去而为神鬼的先祖之间血缘关系永恒不变，血缘亲情也永远保存。只是此时的先祖已经不再单纯是血缘意义上的至亲，而是人与神鬼最直接最可靠的纽带和连接。如果有超自然世界的存在，那么先祖一定是人们在神鬼界最可靠、最"铁"的关系。经历了生死转换的先祖已然具有了类似于或等同于神鬼一样的灵异法力，或者，他至少应该知道如何能够得到灵异法力的庇护。作为先辈，先祖则别无选择，有义务对子孙的祈求做出回应，有义务显示灵验。虽然他们可能"法力"有限，不一定做到有求必应，但子孙们会反求诸己，对先祖的时祭依然不断，并坚信和期待"下一次"的灵验显示。

（三）繁琐劳顿后生者身心得以安然

按照礼制，丧葬礼俗合法、规范的施行，除了生者中规中矩，遵循礼制规定之外，其健康的体魄和一定的经济能力也是不可或缺的因素，生者的体力消耗和财力支出在丧葬的整个进程中都处于一个较高强度。毕竟，从常理来讲，因身体状况和经济窘迫而不能亲身或无力尽孝者，终归是生者难以弥补的人生缺憾。

从初终到下葬的时间用度，传统礼制都有明确规定，《礼记·王制》记载：天子七日而殡，七月而葬。诸侯五日而殡，五月而葬。大夫士庶人，三日而殡，三月而葬，三年之丧。事实上，对尸体进行如此之长时间用度的安排只是一种社会学意义上的善意期待和数学意义上的极值设定。从医学上讲，人死之后，尸体若未经防腐固定处理，其生理组织的自溶、腐败与分解即行开始，尤其是死后第一昼夜或第二至第三昼夜更为明显。因此"七月、五月、三月"之后才安葬的仪轨所需的体力消耗、时间用度及财力支出,都非"庶人"所能够承担得起的。所以,官方礼制下移底层社会的时候在时间、程序和内容等方面进行了成本控制型简化处理。毕竟,活人还有努力经营日子,不能以死伤生。

以陕西关中农村为例,丧葬持续时间为三至七天,或半个月。如遇夏天,则以冰棺殓尸。其间,孝子贤孙要按照礼制,经历如下环节:为亡者沐浴更衣、请阴阳先生、报丧、过三天(成殓)、打墓与守墓、迎客、开追悼会、出殡、下葬。其中,迎客(亡者的娘家或舅家)和追悼会中的"三献"(包括净面、献茶、献饭)多次重复,用时大。若亡者的门子(族亲)多,此间更甚。加之,日常生活作息规律被彻底打乱,体质强者暂且不论。体质弱者在哀乐、号哭、吼秦腔及众人嬉笑嘈杂并济的丧葬场境中,很难经得起如此这般的劳顿。此外,在丧葬所需费用的支出上,如果家庭(族)和睦的话,费用支出,不管多少,一般都不会成为矛盾的激化点;反之,因丧葬费用支出意见不一而导致家(族)人大打出手、反目成仇,辱没先人,徒增他人笑柄的事例也非个案。是此,关中农村对丧事的评价就是"劳人费心",在将逝者下葬安埋之后,大家都会长舒一口气:终于"安顿"完了,把"人"送走了。

第八章 家谱

家谱是中华社会历史文化的重要遗产,是记述血缘集团世系的载体。其以"寻根认祖"的方式,在"祖训、族约、家规"内容的次第传承中,达到"代代相继,家国同构"的教化旨趣,并借以榜样的外溢性示范对非血系成员产生潜移默化的影响,"其有益于人也大矣哉"[1]。(《华阳舒氏统宗谱·舒孔昭序》)

第一节 家谱概述

一、家谱的界定

家谱类文献作为中国传统文化习俗的组成,在历史上称谓众多,"家谱"只是该类文献中使用得最多和最有代表性的一种。徐建华(2005)在《家谱的地方性特色及价值》一文中对"家谱"的称谓进行了搜集整理,共有78种之多:谱、谱牒、族谱、族系录、族姓昭穆记、族志、宗谱、宗簿、宗系谱、家乘、家牒、家史、家志、家记、百家集谱、世录、世家、世本、世纪、世谱、世传、世系录、世家谱、支谱、本支世系、枝分谱、帝系、玉牒、辨宗录、偕日谱、系谱、图谱、新谱、星源集庆、列姓谱牒、血脉谱、

---

[1] 王鹤鸣:《中国家谱通论》,上海古籍出版社2011年版,第3页。

源派谱、系叶谱、述系谱、大同谱、大成谱、氏族要状、中表簿、房从谱、维城录、谱录、祖谱、联宗谱、真谱、渊源录、家世渊源录、源流考、世典、世牒、世思录、家模汇编、乡贤录、会谱德庆编、私谱、传芳集、本书、系谱、清芬志、家传簿、先德传、续香集、房谱、祠谱、坟谱、近谱、会谱、全谱、合谱、统谱、通谱、统宗谱、宗世谱、总谱等。

关于家谱的界定，因学者所论倾向、内容及体例方面的差异，而表现出百家争鸣的态势。这里，我们借鉴王建平（2018）《近四十年来中国大陆地区的家谱文献研究及学科理论的建构》研究成果，同时博引他论，究其主旨，删繁就简。从其内容上将其归类为家史说、世系共祖说和图籍文献说等。

（一）家史说

即家谱是记载某一家族历史发展脉络的史料文献，其与正史、方志一起，构成中华民族传统历史文化的三大支柱。"家史说"是家谱界定里面认同度高，且被引用最为广泛的一种主张。其显著特点是遵循和践行"国史"春秋笔法的"二分之一"，坚持家丑不外扬的原则，以正面的真善美的榜样激励为主，期待家族香火旺盛，绵延不绝。

汉代司马迁："谱乃家之史，史乃国之谱也，谱不立则昭穆混，渊源憒，人不知祖，何异禽兽？"[①] "唯三代尚矣，年纪不可考，盖取之谱牒旧闻，本于兹，于是略推，作《三代世表》第一。"[②]

宋代朱熹："夫家乘，一家之史也。"[③]

元代曾迪："谱，士大夫家之史。"[④]

明代黄儒明在《方前林氏家谱序》中称："国有史，家有谱。谱者，

[①] 司马迁：《史记》，中华书局2013年版，第358页。
[②] 司马迁：《史记·太史公自序第七十》，岳麓出版社1988年版，第940页。
[③] 葛光汉：《清宣统庆元续修谱序》，宣统三年木刻本，第6页。
[④] 伍氏宗亲会：《岭南伍氏合族总谱》，光绪十七年刊本，第14页。

史之流也。"①

王世贞："夫谱，家史也。"②

清代章学诚："夫家有谱，州县有志，国有史，其义一也。然家有谱，则县志取焉，县志所征，则国史取焉。今修一代之史，盖有取于家谱者矣。"③

杨殿珣："夫家谱者，家之历史也。"④

台湾学者昌彼得："谱牒者，家族之历史也。"⑤

刘贯文先生在《谱牒学研究的任务》中写道："谱牒是以特殊形式记载宗族发展的史书。"⑥

（二）世系共祖说

即家谱是记录家族世系传承，追念家族共同祖先的记述。其主旨在于溯本求源，厘清血脉延续的时间先后与伦理辈分的承接递转，以便在先祖祭祀、身份确认、权力承袭、财产继承与婚姻匹配等方面的顺利处置。"国无史则无以识治乱兴衰之理，家无谱则无以辨宗支长幼之论，家谱修则可以明世系，肃尊卑，严训诫，正条例，详生齿，著墓图，冠婚丧娶确遵典礼。"⑦

苏洵作《苏氏族谱引》中称其家谱为："苏氏族谱。谱苏氏之族也。"

明代方孝孺："谱载祖宗远近、姓名、讳号、年号……百世之纲纪，万代之宗源流派……序的姓之根源，纪世数之远近，父昭子穆，百代在于目前。"⑧

仓修良："家谱是记一家一姓的世系和人物事迹……家谱乃是以表的形式表示家族世系之繁衍。"⑨

---

①见《方前林氏家谱序》载《古今图书集成氏族典·林姓部》第三百六十卷。
②王世贞：《弇州山人四部稿·荣泉李氏族谱序》，万历五年刻本，第2页。
③蔡福田：《家谱研究与收集整理》，《山西档案》1989年第5期。
④杨殿珣：《中国家谱通论历代名人年谱目录述评》，《图书季刊》，国立北平图书馆1945年第1期。
⑤昌彼得：《台湾公藏族谱解题》，台北中央图书馆1969年版，第2页。
⑥中国谱牒学研究会：《谱牒学研究》，书目文献出版社1989年版，第1页。
⑦张玉范：《北京大学图书馆藏方志、家谱概述》，《中国典籍与文化》1992年第3期。
⑧方孝孺：《逊志斋集》，徐光大校点，宁波出版社2000年版，第415页。
⑨仓修良：《试论谱牒学的发展及其文献价值》，《文献》2004年第6期。

欧阳宗书提出"家谱是中国古代宗法社会中主要记载宗族人物世系和记载宗族事迹的书"[①]。

清人刘云端说："谱者，世系之谓也。"[②]

太平天国天王洪秀全家族的《洪氏宗谱序》说："谱也者，所以通世之先后而谱编具载者也。"

杨东荃提出"家谱是以各种形式系统罗列某一共同祖先的血缘集团世系人物或也兼及其他方面情况的记述"[③]。

董家魁："家谱即族谱，用于记载各个姓氏家族子孙世系的传承，它是中国封建宗法制度的产物，它具有区分家族成员血缘关系亲疏远近的功用。"[④]

吴羽、姚燕："家谱可以被视为一种指向'共同祖源记忆'的社会记忆遗存，其经历了选材、制造、使用、废弃、保存的过程而形成。"[⑤]

（三）图籍文献说

即家谱是记载家族繁衍变化与重要人物活动及其事迹的文献资料。此说立足于工具论角度，将家谱视为以家族为对象和内容，而进行社会治理、学术探究及科普宣传所需的一种文献资料。正所谓"人自为书，家自为说"。

清康熙年间抄本《天一阁书目》把家谱编入列传类，年谱与家谱并列，著录了《曾氏家乘》《姚氏家乘》《王毅斋家乘》等数种，同其他书籍一样被珍藏起来。[⑥]

梁启超："能尽集天下之家谱，俾学者分科研究，实不朽之盛业。"[⑦]

[①] 欧阳宗书：《中国家谱》，新华出版社1992年版，第4页。
[②] 黎小龙：《西南日月城文化概论》，西南师范大学西南研究中心1994年版，第51页。
[③] 杨东荃：《家谱定义新说》，载《中国谱牒研究》，上海古籍出版社1999年版，第40页。
[④] 董家魁：《徽州家谱研究的回眸与前瞻》，《图书馆理论与实践》2013年第6期。
[⑤] 吴羽、姚燕："国"与"家"的联接——贵州屯堡人的家谱编撰与身份建构》，《西南民族大学学报（人文社科版）》2009年第9期。
[⑥] 骆兆平：《天一阁丛谈》，宁波出版社2012年版，第100页。
[⑦] 梁启超：《中国近三百年学术史》，东方出版社1996年版，第361页。

潘世仁:"家谱是一种能够比较反映一个家族在其发展过程中的重大政治、经济、文化活动的载籍。"[①]

纂中明:"家谱是一个家族或宗族的世系表谱,是记载家族世系及相关内容的文书档册。""它承载了大量的社会信息,对于历史学、民族学、人类学及地域文化的研究具有重要的意义。"[②]

徐建华:"家谱是一种表谱形式记载一个以血缘关系为主体的家族世系繁衍及重要人物事迹的特殊图书形态。"[③]

王鹤鸣:"家谱是同宗共祖的男性血亲集团,以特殊的形式记载本族世系和事迹的历史图籍。"[④]

焦艳婷:"家谱是一种以表谱的形式记载一个以血缘关系为主体的家族世系繁衍及重要人物事迹的图书形态。"[⑤]

张廷银、石剑:"家谱不仅是家庭史料,也是社会资料。其所保存的先人传记、著述、碑文、墓志、土地的所有、房产、契约;还有政治历史事件、风俗、礼仪、诗文、杂著,以及宗规族约等等,具有不可忽视的研究价值。"[⑥]

毛泽东同志1958年在成都政治局扩大会议上谈到研究历史时曾说:"收集家谱、族谱,加以研究,可以知道人类社会发展的规律,也可以为人文地理、聚落地理提供宝贵资料。"[⑦]

二、家谱的分类

(1)依据其使用的载体材料,家谱可以分为结绳家谱、口述家谱、甲

[①] 中国谱牒学研究会:《谱牒学研究》,书目文献出版社1995年版,第271页。
[②] 纂中明:《从宁安地区几部谱书看家谱的史料价值》,《档案与社会》2012年第3期。
[③] 徐建华:《中国的家谱》,百花文艺出版社2002年版,第1页。
[④] 王鹤鸣:《从家谱看炎黄子孙的寻根情结》,《图书馆杂志》2007年第2期。
[⑤] 焦艳婷:《从家谱发展史看家谱档案属性的演变》,《图书馆工作与研究》2005年第2期。
[⑥] 张廷银、石剑:《包蕴丰富又瑕瑜互见的家谱文献》,《图书与情报》2007年第1期。
[⑦] 马金江:《炳烛斋闲话》,北京艺术与科学电子出版社2012年版,第147页。

骨家谱、青铜家谱、石碑家谱、书本家谱，塔谱、布谱等。[1]

（2）依据其记载的时间，家谱可以分为古籍谱、民国谱和现代谱。[2]

（3）依据其记载的内容，家谱可以分为祠谱、坟谱、玉牒和普通家谱。其中[3]：

祠谱出现在明代之后，它主要记载宗族祠堂史、祠堂结构、祠堂规约、祠堂祭仪、祠联和列祖生平等。

坟谱出现在宋元之后，它主要记载的内容是宗族各代祖先坟茔的位置、坐向、修坟的经过坟茔图、坟山图、守坟规约、修坟费用、祭坟礼仪等。

玉牒是专指皇族的家谱，内容和普通家谱差不多，但由于其特殊的社会地位，编修规则和管理制度十分严格。

普通家谱是我们最常见、最流行、最普遍的家谱。一般有一家一房之谱，是指所记起止时间较短、代系延续不长，记事也较简略的小型家谱，通常称作房谱、家谱或家乘。一支之谱是指宗族中一个分化出来的独立支派的人物世系和事迹的家谱。一族之谱是指记载同一宗族人物世系和事迹的家谱，通常称作统谱、通谱、世谱、会谱、大成谱等，它包括分散在各处的支派，是各支谱的总汇。

此外，陈鹏（2019）在《中古谱牒的类型、层级与流变》一文中，对中国中古时期（魏晋南北朝时期）的家谱类型、层级与流变进行了相关论述。

三、家谱的构成

家谱源于商周，发展于秦汉，极盛于魏晋、隋唐，转型于宋代，经过明代的完善，至清代、民国时期已成为一项全国普及的文化活动。[4]其间，家谱的内容构成借鉴国史、方志的编撰体例，逐步完善并最终形成规范化

---

[1]王鹤鸣：《从家谱看炎黄子孙的寻根情结》，《图书馆杂志》2007年第2期。
[2]李莺莺：《图书馆家谱文献的著录与保护》，《晋图学刊》2017年第1期。
[3]彭阳县地方志编纂委员会：《彭阳县志》（下），甘肃文化出版社2011年版，第1198页。
[4]郑琳：《当代家谱文化的时代特征》，《浙江档案》2012年第7期。

的谱式。戎廷锡概括为："首世系，次讳字，次婚姻，次子嗣，凡祖宗之德行、品望、功业、文章，悉载于谱，故族递衍而不乱，祖德常传而不朽。"[①]武新立（1988）在《中国的家谱及其学术价值》一文对家谱的内容构成进行了详细的解读，我们撮其要点，分述如下[②]：

（1）谱名。即名前常冠有的地名、修次及祖先官职、字号等附加语。谱名能反映居地、修谱历史和本谱状况。如山东的曲阜《孔子世家谱》，即是将其先祖"孔子"冠于谱前。如《绩溪南关许氏惇叙堂宗谱》，绩溪，安徽县名；南关，本县具体地名；惇叙堂，指本谱为支谱。《同治九年进贤刘氏重修族谱》，同治九年（1870），表示修谱的具体时间。孙中山祖先事迹的江西《宁都县城南富春孙氏伯房十二修族谱》，伯房，表示本谱为房谱，十二修，表明本谱为第十二次修纂。《九牧林氏家乘》，"九牧"，先祖林苇、林蕴等兄弟九人曾同为唐朝刺史，故冠"九牧"官名于谱前。《十万程氏会谱》，"十万"，程氏先祖唐朝程渝的别号，故以"十万"冠谱前。

（2）谱序。概指新序、旧序、族外人的客序、凡例、刻印人名、跋语、目录以及其他关于本族的记述。这部分内容反映了本族的历史、族望、历次修家谱情况和本谱的编纂原则。关于修谱分创修和续修两种情况，有"三十年一小修，六十年一大修"的传统。

（3）谱论。这部分内容是对修谱的历史、意义、原则和方法多有阐发。比如《余姚上塘王氏家谱》中就收有《先儒谱论》1篇，集欧阳修、苏洵、朱熹等名家论谱语录20条。后附语曰："右谱论二十条，皆先儒敬宗收族倦倦之至意，其言剀切详明，读之能使人搜辑家乘之思勃然而兴起，故采录简端，以备后人观感焉。"[③]

（4）恩荣录。皇帝对其家族中官员及家属的敕书、诰命、赐字、赐匾、

---

① 《中国传统文化之传统家谱常识和体例》，https://www.sohu.com/a/537442258_121124393.
② 武新立：《中国的家谱及其学术价值》，《历史研究》1988年第12期。
③ 《余姚上塘王氏家谱》卷首。转引自武新立：《中国的家谱及其学术价值》，《历史研究》1988年第12期。

赐诗、御谥文、御制碑文及地方官府的赠谕文字等，以显示朝廷对该族及其成员的奖彰。因为"一则不忍泯手泽，一则不忍忘君恩也"。如太平天国领袖洪秀全家族的广东《洪氏宗谱》载有皇帝敕书、诰命、赐匾、像赞、赐诗多种。①

（5）遗像、像赞。祖先及族中重要人物的遗容遗物，有画像、遗像志、赞词、跋文、遗墨、遗物等。

（6）族规家法。族规家法是家谱中的重要组成部分，有祖训、家礼、家典、家范、家戒、家议、家法、族规、族约、宗禁等诸多名称。内容广泛，是约束和教化族众的家政法规。有些客家族规家法在订立族规家法过程中，会用族产买肉煮饭，供族人共享，俗谓"吃知道"。"吃知道"后，族人必须守族规，不得违犯。

（7）五服图。宗族的五服关系，族人必须明了并遵守。

（8）世系。这是家谱中的主体部分。用图表加文字的方法叙述该家族的世系。族中所有成员，依照图表格式，从第一世始祖起，按辈分次序，先后排列其中。一族人的代系、血缘关系、繁衍情况，可一目了然。如福建《石井本郑氏宗族谱》世系，对郑成功父子的记载。②

（9）谱系本纪。亦称世序、世系录、世系考等。记载族人的简况，即本人名字、父名、排行、字号、生卒年月日、寿数、科第、官职、葬地。妻室，正妻及续娶的姓氏、父名、行次、生卒年月日、葬地，有子女妾姓氏，受封侧室姓氏。子，人数、名字、有无出嗣。女，人数、出嫁何人。

（10）任宦记。记载族中历代官宦名人事迹，包括履历、科第、政绩、功勋、著作、学说等。有些世家望族的家谱中还列有"荐辟录""科第录"，登载族内及第入仕人员。如记载郑和家世资料的云南《赛氏族谱》中就附

---

①黎小龙：《西南日月城文化概论》，西南师范大学西南研究中心1994年版，第57页。
②黎小龙：《西南日月城文化概论》，西南师范大学西南研究中心1994年版，第58页、第59页、第57页。

有"历代科甲"一栏,记录了该族自明朝万历年间到民国间27位族人的科甲情况。①

(11)传记。载录族中成员的传记资料和"言行可书"者的历史,有行状、行实、事状、志略、寿文、贺序、墓志、祭文、年谱以及抄自史志的资料等。有些家谱还分类列传,如忠义、孝友、贞节等。

(12)先世考。考述本族的历史渊源和迁徙流动情况,如得姓始末、始祖、世派、迁徙地区、各支派间远近关系等。如《孔子世家谱》卷一《姓源》中追叙自轩辕至孔子共四十七世。②

(13)名绩录。记述与本族或族中成员有关的山水桥梁、亭台堂舍、庵寺书院等。

(14)祠堂。记载祠堂的情况和历史,有祠堂图、建祠记文、建祠捐钱人名、祠堂规制、神位世次、配享和崇祀情况。如浙江奉化《武岭蒋氏宗谱》卷三十即为《祠志记》,载有《重修祠堂记》《衍桂堂》等建祠记。③

(15)族产。记录族中集体田产,有祠田、坟田、义庄、义塾、山林、房屋及管理制度和租佃文契等。

(16)坟茔。墓地图及形胜,祖坟、各支派墓地分布及祭祀规定。家谱之所以要列"坟茔",原因在于"坟墓所以藏祖宗之形骸,为子孙根本之地也"。

(17)艺文。收录族人的著述,有奏疏、殿试文、万言策、诗词和各式文章。

(18)派语。登载族人排行的字语。

(19)续后篇。或称余庆录。谱末留空白纸数页,意待后世子孙填续,以示绵延不绝。

(20)领谱字号。记载家谱的编号,印谱的总数、分发各房谱数及领

---

①② 黎小龙:《西南日月城文化概论》,西南师范大学西南研究中心1994年版,第57页、第58页、第59页。
③ 黎小龙:《西南日月城文化概论》,西南师范大学西南研究中心1994年版,第58页。

取人名。

四、欧阳修《欧阳氏谱图》与苏洵《苏氏族谱》

宋仁宗皇祐年间,欧阳修编撰《欧阳氏谱图》(公元1048年)创立的"谱图之法",与苏洵编撰《苏氏族谱》(公元1055年)创立的"小宗之法",合称为"五世图式谱法",该法促进了宋代私修家谱的蓬勃发展,并成为后世谱法的典范。"自宋以后,私家之谱不登于朝,而诈冒讹舛,几于不可究诘。独欧阳、苏氏二家之谱,义例谨严,为后代矜式。盖谱以义法重,尤以人重,后世重二家之谱,亦以其道德文章足为谱增重耳。"[①]

(一)"谱图之法"与"小宗之法"的含义

欧阳修将其家谱撰修谱例称之为以"断自可见之世"为原则的"谱图之法":[②]

> 姓氏之出,其来也远,故其上世,多亡不见。谱图之法,断自可见之世,即为高祖,下至五世玄孙,而别自为世。如此,世久子孙多,则官爵功行载于谱者不胜其繁。宜以远近亲疏为别,凡远者、疏者略之,近者、亲者详之,此人情之常也。玄孙既别自为世,则各详其亲,各繁其所出。是详者不繁,而略者不遗也。凡诸房子孙,各纪其当纪者,使谱牒互见,亲疏有伦,宜视此例而审求之。

苏洵将其家谱撰修谱例称之为"小宗之法":[③]

> 至吾之高祖,其间世次,皆不可纪。而洵始为族谱,以记其族属,

---

① 钱大昕:《潜研堂文集》,上海古籍出版社1989年版,第449页。
②③ 钱杭:《宗族的世系学研究》,复旦大学出版社2011年版,第251页。

谱之所记，上至于吾之高祖，下至于吾之昆弟，昆弟死而及昆弟之子。曰：呜呼！高祖之上不可详矣，自吾之前而吾莫之知焉。已矣！自吾之后而吾莫之知焉，则从吾谱而益广之，可以至于无穷。盖高祖之子孙家授一谱而藏之。其法曰：凡嫡子而后得为谱，为谱者皆从其高祖，而迁其高祖之父，世世存其先人之谱无废也。而不及其高祖者，自其得为谱者之父始，而存其所宗之谱皆以吾谱为冠焉。其说曰：此古之小宗也。

（二）"谱图之法"与"小宗之法"的共同特点[①]

（1）图传同谱，即反映一个家族的世系图与反映该家族世系人物的小传在同一部家谱里，即"一图一传"。此前，家谱仅载世系图，即仅载反映本家族从始祖开始一代一代繁衍而来的世系图表，而反映该家族世系人物简况的小传，或称世系传，则不载在该家族的家谱中，而是另有其书，即世系图与世系传各自为书。欧阳修《欧阳氏谱图》中，既有反映欧阳氏家族世系延续的世系图，又有记载该世系人物字号、仕宦、配偶、墓葬等内容的小传，即将世系图与世系传合在同一部家谱中。苏洵《苏氏族谱》的体例则进一步，在反映苏氏家族世代延续的世系图的各祖先名下，直接记载该祖先的简况，包括字号、仕宦、配偶、墓葬等，即将世系图与世系传合二为一，不仅记载在同一部家谱中，而且记载在同一图表中。

（2）五世为图。当时在各宗族家谱中，世系延续的图表究竟几世为一图，并不规范统一。有的是十世一图，有的是九世一图，也有七世、八世为一图的，由于"图系太繁，不免难以查阅"[②]。欧阳修在《欧阳氏谱图序》中，分析了唐末显族名家失其世次的原因，是因记载显族名家的家谱皆无图表，为克服有谱无图的弊端，正式提出五世为一图的谱式，并列出了欧阳氏家

[①] 王鹤鸣、王澄：《中国家谱史图志》，安徽科学技术出版社2012年版，第78—80页。
[②] 朱万曙：《徽学》（第四卷），安徽大学出版社2006年版，第188页。

族的世系图表。即以图（表格）的形式列出始祖至当世的世系，每五世一图，第一世至第五世为第一图，第五世至第九世为第二图，第九世至第十三世为第三图，第十三世至第十七世为第四图，代代下衍，直到修谱时已出生的人为止。图自上而下分五横格，第一格记"一代"，第二格记"二代"，依此类推，"三代""四代""五代"各占一横格。苏氏谱法则是先按照世系做一个总表，即在某人之下书其子、孙、曾孙、玄孙，代代一一注明；然后在表中人名下面注出他的仕宦、配偶、享年、死亡月日等。总之，苏谱是"以图联系其世系，以文述其事载"，简称"一家清"。①

（3）亲近疏远。五世图式谱法克服了先前修谱中由于历代长久，子孙繁衍众多而容易混乱的弊端。按欧苏五世图式谱法，第五世即提起别自为世，为另图之首。上继高、曾、祖、考，下统子、孙、曾、玄，正好是九世，既有五服之情，又有九族之亲，五世之外，服穷亲尽，则图表不载，这样就达到亲近疏远的目的，详者不繁，略者不遗，亲疏有伦，真正做到"子孙虽多而不乱，世传虽远而无穷"②。

（三）"谱图之法"与"小宗之法"的相互差异

关于欧阳修在《欧阳氏谱图》所采用的"谱图之法"与苏洵在《苏氏族谱》中所采用的"小宗之法"的不同之处，学者均有共论：

明朝宋讷《西隐集》卷6《嵊山宋氏族谱序》中就这样说："欧阳文忠公为世谱，以法汉年表，苏老泉为谱，以礼大小宗为次，文例虽不同，皆足以考其世次也。"③

明朝苏伯衡《苏平仲文集》卷4《谭氏家谱序》中亦云："近代言族谱者二家，为法厥各不同，世经人纬，取法史氏之年表，则欧阳氏也；系

---

① 上海图书馆：《中国家谱论丛》，上海古籍出版社2010年版，第27页。
② 朱万曙：《徽学》（第四卷），安徽大学出版社2006年版，第189页。
③ 宋讷：《西隐集》，台湾商务印书馆1983年版，第1225页。

联派属，若礼家所为宗图者，则我苏氏也。"[1]意即欧阳修坚持史家春秋笔法修谱，苏洵则是严格按照周礼所定之大宗、小宗之法为据。

清朝章学诚在《高邮沈氏家谱序》中说："欧、苏文名最盛，谱附文集以传，其以世次荒远，不敢漫为附会，凡所推溯，断自可知之代，最得《春秋》谨严之旨，可谓善矣。"[2]他特别指出："欧阳犹有传注以详图表之所不及，苏氏则直以尺幅之内略具高曾官阶，卒葬横标谱格，不复别为传记，阅者如披官牒告身，岂可为谱法欤！"[3]

第二节 家谱的教化意蕴

家谱以血缘世系为纽带，在家风的传承中为其间的"我"克服孤独与恐惧构建了亲情脉脉的教育情境。新时期，家谱教育意蕴焕发的基点是以德为性、以信为本的诚信旨趣。其间，必须剔除封建伦理糟粕，跨越血缘"小家"局限，构建诚信社会。

一、家谱的教育学界定

家谱是同宗共祖的男性血亲用以记载本族世系和重要人物事迹的谱籍。家谱的功能由原初"明血统，辨昭穆"的优生优育、明列等级而渐趋转向于"昭明德而废幽昏"的德行教化，其中"尊祖，敬宗，收族"是为根本。由此，家谱的教育意蕴随之而隆。

广义层面的教育认为，凡是有助于增进人的知识和技能，对人的思想品德能够施加积极影响的活动都可以称之为教育，包括家庭教育、学校教育和社会教育。显然，血亲世系性决定了家谱更多地具有家庭教育的先天属性。循此，我们尝试将家谱界定为：以本族血亲世系的有为之人（包括

---

[1]苏伯衡：《苏平仲文集》，台湾商务印书馆1983年版，第1228页。
[2][3]章学诚：《文史通义》，浙江古籍出版社2005年版，第540、第543页。

先人与时人）为榜样，教化后世子孙承继祖业、沿袭家风，以求血亲绳绳相继的家庭教育，它是集教化目的、教化者、被教化者、教化内容以及教化方式于一体的民俗式教育。

（一）教化目的：聚族凝心，家国同构

教育目的是在进行教育活动之前对教育要实现的结果或要达到的标准的预测或规定，体现了教育者与被教育者对双方共同参与的教化人心的实践活动终端旨向的主观期待。家谱撰修的目的也就在于通过对血亲世系的梳理厘定，将同宗共祖的人群如矢锋般纳入纵之有源、横之有流的根系网络，从而促成同姓命运共同体的有效形成。正所谓"人之有祖，如水之有源，源远则流长，祖盛则衍繁，所固然也"[1]。

如众所论，中国传统社会是典型的宗法社会，其与家庭、家族具有组织结构的相同属性，即以血亲—宗法关系为统领，将"家"与"国"之中的宗主地位通过血脉遗传，代代相继。"家"是小国，"国"是大家，家国一体，家国同构。因此，"国修史，以资鉴，家立谱，以传续，国无史，不明兴衰荣辱，家无谱，不知溯根求源；二者同理其旨一也"[2]。

（二）教化者：宗族有为之人

"家之有谱，犹国之有史也。"[3] 家谱的编修传统与国史、方志并无质的区别，都是后世之人因循"春秋笔法"，对前世之人的扬善抑恶，褒贬黜陟。凡是在家族发展史上具有重要影响或德高望重的人物（包括先人与时人）及其事迹，都会在家谱的传记、家传、名人录或恩荣录中得以彰显。如：

《（汇西婺源）武口王氏金源山头派支谱》（道光五年）所载的唐代婺州刺史王仲舒，为官一方，造福民众，天子赞之。

《（安徽绩溪）绩溪县南关惇叙堂（许氏）宗谱》（光绪十五年）所

---

[1][2] 冯尔康：《略述清代人"家谱犹国史"说——释放出"民间有史书"信息》《南开学报（哲学社会科学版）》2009年第7期。
[3] 叶长青：《编修家谱的历史渊源和现实作用》，《中国地方志》2015年第9期。

载许逊,因治水兴农、促进民族融合有功,而为宋"真宗面称其能"。

《(江苏无锡)荣氏家谱》(民国二十四年)共载自隋大业三年至光绪二年,历时1200余年彰显祖上荣光的敕命、诰命18篇。

《李氏家谱》(2001)所载嘉庆、道光年间的李宜亭、咸丰年间的李安畲孝敬双亲、扶危济困、造福乡邻,为时人所称。

再如,《喻氏家谱》(2002年)中,文化名人喻钟奇,一代善人喻长松。《荆门常氏家谱》(2008年)中,满腹经纶晚清贡生常守炳,坚贞不屈革命烈士常正刚,南征北战、功勋卓著的共和国将军常青,成就斐然的企业家常克树、常继景以及优秀高级教师常克等。

这里,我们应当注意的是,相比较于国史、方志,家谱的编修具有较强的封闭性和私密性,属于"人自为书,家自为说"[①],因此,家谱所载的人物及其事迹,有时会出现夸大溢美,甚至移花接木,假冒附会的取舍,至于"家丑"更是不可外扬。事实上,有些家谱凡例中有明文规定:史则善恶俱载,谱则书善不载恶,为亲者讳也。对于家族中所谓的"叛逆""犯刑""败伦""背气""杂贱"者,则采用"除名""出族""出谱"等措施,不予书写,名不见谱。

(三)被教化者:宗族血亲世系成员

受教育是一种权利,是特定主体获得成长教化的资格。在教育史上,该资格的获得有先天和后天两种方式,先天者即生物取向的血脉遗传,非我同亲者即无资格,后天者即能力取向的社会实践,排斥血亲裙带。其中,受教育权的血脉遗传获得方式又存在两种情况,一是基于特权利益维护的教育等级制,它是国家治理层面的一种制度设计,体现了特权时代的国家意志。二是基于家族自我私益维护的家庭教育,而采取的家族治理层面的民间选择。在传统的宗法社会中,二者之间存在高度的重叠性。家庭中的

[①]欧阳宗书:《中国家谱》,新华出版社1993年版,第91页。

家谱式教育即以血脉遗传的方式,将宗族血亲世系成员作为家庭教育的唯一和首选的被教育者,并由此决定了他们的先天性,封闭性和排他性。在家谱的非公开状态下,非血亲世系成员一般不会被纳入家庭教育的被教化者行列。

(四)教化内容:家训

在《说文解字》中,"训、约、规"的本意分别是:说教也、缠束也和有法度。前面贯之以"祖、族和家"的修饰限定,则表示为每个家族自己制定,要求所有家族成员共同遵守的各种行为规范和规章制度的总称,即家训。中国古代早期家训可追溯至《尚书》,"《尚书》中的浩辞可以理解为训诫之辞,训诫之辞用于家中,就是家训"[1]。一般情况下,家训"其通常是由父祖长辈、族内尊长为后代子孙和族众规定的立身处世、居家治生的原则、规范、训语和禁戒等"[2]。

从制度学角度看,家训的设计目的是以"家族内部法"的形式,维持家族内部的稳定秩序。这在我国家谱史上著名的范例有汉高祖刘邦的《手敕太子》,刘向的《戒子歆书》,马援的《诫兄子严、敦书》,曹操的《戒子植》《诸儿令》《遗令》,嵇康的《家戒》,诸葛亮的《诫子书》《诫外甥书》,徐勉的《诫子崧书》,南北朝时北齐人颜之推所撰的《颜氏家训》,等。

家训所涉及的内容广泛而又具体,基本上都是以我国传统社会伦理规范的"五伦、四维、八德、十义"为核心而次第展开,大多表现为"孝悌忠信、邻里和睦、尊师重教、禁赌戒淫、勤劳节俭、艰苦创业、自重自强、乐善好施、清正做人"等。此外,还有一些出于人格自保和预防暴力的考虑,而制定的"族禁"或"谱禁",如禁当差、禁为匪、禁从教、禁入会、禁出家、禁自贱等。其意义正如《(安徽太平)仙源东溪项氏族谱》(光绪十一年)之《祠规引》中所言:家之有规,犹国之有典也。国有典,则赏罚以饬臣民,

---

[1] 党红星:《试论中国家训文化的特点》,《东岳论丛》2006年第1期。
[2] 杨宗佑:《中华家谱学》,济南出版社2009年版,第112页。

家有规，寓劝惩以训子弟，其事殊，其理一也。

（五）教化方式：亲情感化

教化方式从发生机制的角度，可以分为内在驱动型和外在强制型两种，前者注重教化主体与教化客体间的相互认同和默契互动，后者注重教化主体与教化客体间的不对等协作，教化主体居于支配和主导地位，教化客体则扮演着被动接受的角色。亲情是具有血缘关系、拟制血缘关系或姻亲关系人群间感情的总称，是每个人心理发展过程中首先要经历的、并持续稳定的情感体验，是激发人行为动机的强大内驱力。家谱"寓教于亲"的教化方式，即是着眼于亲情对"亲合动机"的激发和"亲和力"的增强所做出的理性选择，其目的在于促使家（族）人"动其慎终追远饮水思源之情"，从而润物无声般地实现血缘世系间的自觉教育。

二、家谱教化意蕴的生成过程

人类文明的程度愈高，"寻根问祖"的意识就愈加强烈，对于"我是谁、我从哪来、我到哪去"的疑问也就愈加迫切。家谱以其特有的教育方式，有效化解了"我"之生命内心深处，因生命的短暂而产生的孤独与恐惧，以"网"的形式为"我"建构了一个亲情脉脉的生活世界。

（一）融我于群，消弭孤独

"孤独是人之生命主体与客体对象（自然、社会、信仰）相互疏离的深度心理体验，是一种刻骨铭心的精神空落感。"[1] 其在根本上源于人之生命主体需要的无限多样性与实现可能的有限性之间的紧张关系。面对孤独，"我"需要与客体对象保持紧密的互动联系，否则，极易导致如弗洛姆所言的精神崩溃——一种失去生命张力的人的自我分裂。实践中，"我"与客体对象保持联系的方式一般有两种路径选择：一是外向投射，即将自

---

[1] 田晓明：《孤独：中国城市秩序重构的心理拐点》，《学习与探索》2011年第2期。

我生命的存在，以"一万年太久，只争朝夕"的激情完全融入自然或社会，在服务他人、造福社会中达到生命主体与客体对象间的创造性和谐。当然，这与动物和自然间的原始和谐是有质的区别。二是内向投射，即将自我生命的存在完全交付给独立于"我"的生活世界之外的、无所不能的某种神灵。这是精神上的一种缴械投降。家谱即是在对同宗共祖的"追本溯源"中，为天下所有的"同姓我"的"外向投射"，构建了一个亲情脉脉的血脉平台，置身于亲情氛围中的"我"陡然间意识到，原来"我"并不孤独，因为"我是有着共同先人的大家庭中的一员"，是"自己人"。在"为祖争光，荣荫子孙"的亲情激励下，那种因与自然分离，与同伴分离，以及与自身相分离而产生的精神空落感会渐趋瓦解，同时再现如弗洛姆所艳羡的"村落式的人际关怀"，小我融于大我，我之个体融于我之群体。

（二）贯通生死，克服恐惧

对死亡的认识和恐怖，乃是人类脱离动物状态后最早的收获之一。[①]其以"隐痛"的方式，深深植根于人之生命的内心深处，从远古延续至今，以至永远。而"我"在偶然的时间和地点被抛入"这个"而非"那个"世界之后，又要独自面对死亡的必然临近。尽管科学理性与宗教信仰以"终结性"和"循环性"的两种不同方式还原了生死缘由，但这却依然无法化解人在情感上对生命的无限眷恋和对死亡的极度恐惧，毕竟现实的"我"终究会死亡的。正如海德格尔所说："人只有面临死亡时才能最深刻地体会到自己的存在，人的死总是自己的死，谁也不能代替。"[②] 死亡成为"我"终其一生的最大难题，无解但又不得不解。

但是，人的光辉理性告诉自己，恐惧既不是生命的本义，也无助于生命的圆满。生命的本义在于以短暂、有限的肉体生命，在积极有为中去实现永恒、无限的价值生命。家谱的编修与传世，在"前"与"后"两个时

---

① 卢梭：《论人类不平等的起源和基础》，商务印书馆1997年版，第85页。
② 刘放桐：《现代西方哲学》，人民出版社1981年版，第557页。

间维度上,极大延续了"我"的生命存在。"前"意味着,"我"以"后人"的身份将自己推及无限远处,在向血缘世系先人"撒娇式"的无声倾诉中和在先人幽远无声地慰藉中,复归死亡的恐惧于生活的平静,先人与我同在。"后"意味着,"我"以"先人"的身份被拉伸到无限远处,在倾听血缘世系后人"撒娇式"的无声倾诉中,化解后人对死亡的恐惧。"后人"的"倾诉"与"先人"的慰藉穿越时空,激荡共鸣,代代不已,从而将"我"完全融于生生不息、无始无终的生命之流,对死亡的恐惧升华为对血缘世系的尊重、热爱与眷恋。家谱内容中的祖像、祠堂和祖茔即是贯通生死,克服恐惧的外化设计。

（三）内化家训,传承家风

如前所论,家训属于"家族内部法",其以外在约束的形式为全体家族成员的安身立命提供亲情帮助,从而将整个家族渐趋凝聚为绵延香火、昌兴家族的命运共同体。其间,家训以"同化"和"顺应"两种方式逐渐内化为家族成员的生命品质,并时时、处处外化于日常生活的情境当中,成为穿越时空、历久弥新的"这个"而非"那个"的家风,体现出黑格尔所言的"家族精神"。借此,"我"不再是,也不能是游离于家族之外、无所牵挂的"单数",而是与家族的安危荣辱、兴衰更替紧密相关的"复数"。"中国传统社会中家训完备、家教严格、家风严谨的家庭家族,其子女后代多能成就伟业,光耀门楣。"[1]上海川沙新镇六灶傅氏家谱中"忠孝节义、道德文章、慈仁谦让、温俭恭良"的十六字家训即为代表。

三、家谱教化功能的承继

国家"十三五"规划提出要"构建中华优秀传统文化传承体系,加强文化遗产保护"。作为中华社会历史文化重要遗产的组成,家谱对于弘扬

---

[1] 刘东升:《传统家训在传统价值观培育和践行中的作用》,《辽宁大学学报(哲学社会科学版)》2014年第9期。

中华传统美德，坚定中华文化自信，增强中华文化自觉具有积极的时代意义。但是，由于家谱先前赖以为继的文化环境，在今天发生了质的变革，所以，家谱教化功能的有效发挥就面临着必须深入思考的若干问题。

（一）以契约为背景，构建诚信社会

在公民社会取代宗法社会的时代背景下，家谱的文化价值如何体现？公民社会的本质是以公共精神为核心，以权利和义务为边界，构建公共生活，追求公共价值的契约社会。约束公民行为、调节公民关系的根本依据是跨越血缘、地缘和业缘，而面向全体人群的"公法"，它与因"缘"而生的特定关系群体内部的"私法"具有质的区别。支撑公民体面存活于世的内心基点是"人人生而平等"的共识性执着。作为公民的"我""活下去与活得更好"的需要可以在家族以外的"公共领域""公共空间"中得到很好的实现，从而在客观上极大降低了个人对家族依赖。并且随着公民社会文明程度的进一步加深，以及由此所导致的家庭功能的外置，公民个体与以家谱为纽带所形成的同姓命运共同体之间的关系也将愈发疏远，离散度愈加明显。家谱存在的价值在形式上表现出弱化迹象，以至于先前家家修谱、户户谱牒的鼎盛民俗，渐趋转变为我们今天稀有与陌生的非物质文化遗产，其更多的是以图书馆藏书或博物馆展品的形式出现。

事实上，虽然公民社会与宗法社会在价值取向上存在历史分野，前者重公共理性，后者重私人情怀。但是其间的"每一个我"在寻求自我身份确认的方式与内容选择上却具有相当的历史默契，即二者都是以"诚信"安身立命。所以，在公民社会背景下，家谱获得新生的时代抓手就是蕴含在祖训、族约和家规中，以德为性、以信为本的价值诉求。因为"诚信"是(任何)社会系统赖以运行的重要润滑剂，非常有效，它省去了许多麻烦，使人们可以对他人给予一定的信赖，从而使人们能够生产更多的产品或任何人都重视的东西。[①] 当然，其间必须剔除带有封建糟粕性的陈规陋习。

（二）以课程为基点，融家谱文化于学校教育

学校教育是继承、传播和创新文化的最直接和最有效的路径，那么，家谱所承载的我国传统文化如何在创新、协调、绿色、开放、共享的发展理念指引下，坚持社会主义先进文化前进方向，在学校教育中得以规范、有序地有效传承，就是教育研究者与教育实践者无法回避的紧迫课题。立足教育的基本要素和教育与外界环境的互动关系，我们认为：首先是如何将家谱作为教育内容而融入学校教育之中。我们在将家谱作为课程设置的选择时，应当考虑是采取社会本位价值取向还是个人本位价值取向，以及由此所决定的家谱课程的类型。如学科课程与经验课程、分科课程与综合课程、必修课程与选修课程、显性课程与隐性课程，以及国家课程、地方课程与校本课程。课程设置价值取向与课程类型的不同，决定了家谱在学校教育实践中的地位、实施方式和实施的有效性。其次，在课堂教学实践中，无论家谱作为何种类型课程，课程实施者由谁扮演以及如何扮演。显然，目前以培养学科型师资为显著特征的教师教育制度并未为此做好足够的准备。再次，如何评价家谱课程实施的最终结果。尽管学界对评价的界定不一，但是对评价的"导向、鉴定、反馈和激励"功能却具有共识。也就是说，评价以"倒逼"的方式督促家谱课程实施的科学、严谨与有效。在我们的学校教育还未完全实现真正意义上的以人为本的素质教育之前，那种以静止的点的方式所采取的绝对评价与量化评价只能导致家谱的虚置和家谱文化的割裂。

（三）跨越血缘，编修群体家谱

家庭是家谱相继为续的现实基础，那么受国家计划生育政策约束而产

[①] 袁祖社：《现代公民之理性生存品质与高尚德性人格的养成——"信用价值观"建设的理论定位与实践追求》，《唐都学刊》2004年第5期。

生的核心家庭，将会在家谱编修中面临着两种窘况：一是因家庭后代的"独子"性，所产生的上下纵向世系血脉使得网格式家谱裂变为直线式家谱，而这绝非我们所言的传统文化意义上的家谱，或者说这是一种残缺式家谱。二是家庭后代"独子"性别的不确定性，更使得残缺的直线式家谱存在较高的断代风险。国家新近出台的二胎政策在客观上对此窘况虽有缓解，但与家谱相继为续的应当性的家庭基础依然存在些许不足。所以在这种现实情境下，我们不妨另辟蹊径，调整思路，即在坚持家谱教育意蕴不移的基础上，坚持"德业相劝、过失相规、教家立范、与时俱进"的原则，尝试跨越血缘限定而去编修类似于地方志的"群体家谱"。当然，这个"家"是具有公共生活属性的"大家"。其中，"群体"既有行政区域的划分，也有区域文化的划分；既有行业种类的划分，也有地区部门的划分；以及城市住户与农村住户的划分等，尤其是"单位"或"村落"最为典型。

参考文献

一、外文译著

1. ［德］恩斯特·卡西尔：《人论》，上海译文出版社1985年版。
2. 恩格斯：《家庭、私有制和国家的起源》，人民出版社2012年版。
3. 恩格斯：《自然辩证法》，人民出版社1971年版。
4. 黑格尔：《法哲学原理》，范扬、张企泰译，商务印书馆1981年版。
5. J.罗斯·埃什尔曼：《家庭导论》，中国社会科学出版社1991年版。
6. 《列宁选集》（第二卷），人民出版社1972年版。
7. 李约瑟：《中国科学技术史》，科学出版社2008年版。
8. 卢梭：《论人类不平等的起源和基础》，商务印书馆1997年版。
9. 《马克思恩格斯文集》（第4卷），人民出版社2009年版。
10. 《马克思恩格斯选集》（第4卷），人民出版社1995年版。
11. 《马克思恩格斯选集》（第4卷），人民出版社1972年版。
12. 马克思：《摩尔根〈古代社会〉一书摘要》，人民出版社1978年版。
13. ［美］理查德·罗蒂：《哲学和自然之镜》，李幼蒸译，商务印书馆2003年版。
14. ［英］马林诺夫斯基：《文化论》，费孝通译，华夏出版社2002年版。
15. 罗伯特·F.墨菲：《文化与社会人类学引论》，商务印书馆1991年版。
16. ［英］波·姆·布罗姆：《家庭法》，1981年英文版。
17. ［英］马林诺夫斯基：《文化论》，费孝通等译，中国民间文艺出版社1987年版。
18. 亚里士多德：《修辞学》，罗念生译，三联书店1991年版。
19. ［意］维柯：《新科学》，朱光潜译，人民文学出版社1986年版。

二、中文著作

1. 昌彼得：《台湾公藏族谱解题》，台北中央图书馆1969年版。

2. 《辞海》，上海辞书出版社1980年版。

3. 程德祺、许冠亭：《婚姻礼俗与性》，天津教育出版社1994年版。

4. 陈顾远：《中国婚姻史》，上海文艺出版社1987年版。

5. 陈鹏：《中国婚姻史稿》，中华书局1990年版。

6. 福建省尤溪县政协学习和文史资料委员会：《尤溪文史资料·尤溪民俗》（第18辑）。

7. 《方前林氏家谱序》载《古今图书集成氏族典·林姓部》第三百六十卷。

8. 范文华：《一口气读懂〈周易〉》，贵州科技出版社2011年版。

9. 方孝孺：《逊志斋集》，徐光大校点，宁波出版社2000年版。

10. 费孝通：《江村经济：中国农民的生活》，商务印书馆2001年版。

11. 费孝通：《乡土中国生育制度》，北京大学出版社1998年版。

12. 范晔：《后汉书》，中华书局1965年版。

13. 过常宝：《死亡文化》，中国经济出版社2014年版。

14. 《告成镇志》编纂办公室：《河南省登封市告成镇志》，河南人民出版社2007年版。

15. 郭大烈、杨一红：《纳西族母语和东巴文化传承读本纳西族东巴古籍选读》，云南大学出版社2006年版。

16. 葛光汉：《清宣统庆元续修谱序》，宣统三年木刻本。

17. 顾颉刚：《妙峰山》，上海文艺出版社1988年版。

18. 高路加：《中国旅游人类学纲要》，广东旅游出版社2004年版。

19. 格勒等：《藏北牧民——那曲地区社会历史调查》，中国藏学出版社1993年版。

20. 郭于华：《仪式与社会变迁》，社会科学文献出版社2000年版。

21. 高有鹏：《民间庙会》，海燕出版社1997年版。

22. 高有鹏：《中国庙会文化》，上海文艺出版社1999年版。

23. 高占祥：《论庙会文化》，文化艺术出版社1992年版。

24. 侯幼彬：《中国建筑美学》，中国建筑工业出版社2009年版。

25. 胡雪风：《温州南城考述》，作家出版社1998年版。

26. 《集本欧阳氏谱图序》

27. 鞠海虹、鞠增艾：《中华民俗览胜》，语文出版社2000年版。

28. 焦垣生、胡友笋：《戏曲艺术的当代传承与发展》，陕西人民出版社2008年版。

29. 贾其全：《酒泉非物质文化遗产》，甘肃文化出版社2014年版。

30. 《绩溪三都梧传汪氏宗谱》，光绪二十一年（1895）。

31. 廖奔：《宋元戏曲文物与民俗》，文化艺术出版社1989年版。

32. 罗鼎：《亲属法纲要》，大东书局1946年版。

33. 吕大吉：《西方宗教学说史》，中国社会科学出版社1994年版。

34. 刘大鹏：《退想斋日记》，山西人民出版社1990年版。

35. 刘放桐：《现代西方哲学》，人民出版社1981年版。

36. 陆建松：《魂归何处——中国古代丧葬文化》，四川人民出版社1999年版。

37. 刘丽川：《民俗学与民俗旅游》，同济大学出版社1990年版。

38. 吕良弼、陈俊杰：《中华文化与地狱文化研究：福建省炎黄文化研究会20年论文选集》，鹭江出版社2011年版。

39. 梁启超：《中国近三百年学术史》，东方出版社1996年版。

40. 李泉、赵世瑜：《中国通史教程：古代卷》，山东大学出版社2004年版。

41. 刘婷：《坐月子与新生儿护理百事通》，中国纺织出版社2014年版。

42. 李万全、林州市横水镇志编纂委员会：《横水镇志》，北京艺术与科学电子出版社2006年版。

43. 李薇菡：《婚姻家庭学》，华南理工大学出版社2007年版。

44. 黎小龙：《西南日月城文化概论》，西南师范大学西南研究中心1994年版。

45. 骆兆平：《天一阁丛谈》，宁波出版社2012年版。

46. 梁钟亭、路大遵修，张树梅纂：《民国清平县志》，凤凰出版社2004年版。

47. 明恩溥：《中国乡村生活》，时事出版社1998年版。

48. 马金江：《炳烛斋闲话》，北京艺术与科学电子出版社2012年版。

49. 马挺生：《命名的艺术》，广东人民出版社1992版。

50. 马之骕：《中国的婚俗》，岳麓出版社1988年版。

51. 《欧阳氏谱图序》

52. 欧阳宗书：《中国家谱》，新华出版社1992年版。

53. 彭诚信：《继承法》，吉林大学出版社2000年版。

54. 彭阳县地方志编纂委员会：《彭阳县志》（下），甘肃文化出版社2011年版。

55. 钱大昕：《潜研堂文集》，上海古籍出版社1989年版。

56. 〔清〕方岱修、李有益纂修：《光绪昌化县志》，海南出版社2004年版。

57. 戚盛中：《泰国民俗与文化》，北京大学出版社2013年版。

58. 齐涛：《中国民俗通志·婚嫁志》，山东教育出版社2005年版。

59. 曲彦斌、王正：《市场经纪人》，山东教育出版社1999年版。

60. 苏伯衡：《苏平仲文集》，台湾商务印书馆1983年版。

61. 孙富山、木鱼：《皇家佛刹：开封相国寺》，河南大学出版社2003年版。

62. 舒国滢：《法理学导论》，北京大学出版社2012年版。

63. 上海图书馆：《中国家谱论丛》，上海古籍出版社2010年版。

64. 《史记·太史公自序》

65. 宋敏求：《唐大诏令集》，台湾商务印书馆1986年版。

66. 〔宋〕孟元老撰、李士彪注：《东京梦华录》，山东友谊出版社2001年版。

67. 司马迁：《史记》，中华书局2013年版。

68. 宋讷：《西隐集》，台湾商务印书馆1983年版。

69. 《十三经注疏》，中华书局1980年版。

70. 史尚宽：《亲属法论》，中国政法大学出版社2003年版。

71. 石泰安：《西藏的文明》，耿昇译，中国藏学出版社2005年版。

72. 孙希旦：《礼记集解》（上），中华书局1989年版。

73. 孙小礼、楼格：《人·自然·社会》，北京大学出版社1988年版。

74. 苏洵：《嘉祐集》卷一三。

75. 孙诒让：《墨子·间诂·节葬下》，中华书局1988年版。

76. 舒燕：《中国民俗》，北京语言文化大学出版社2002年版。

77. 童恩正：《文化人类学》，上海人民出版社1989年版。

78. 唐廷猷：《中国药业史》，中国医药科技出版社2001年版。

79. 汪道启：《现代青年常用知识一本通》，中国华侨出版社2012年版。

80. 王笛：《街头文化：成都公共空间、下层民众与地方政治（1870—1930）》，中国人民大学出版社2006年版。

81. 王鹤鸣：《中国家谱通论》，上海古籍出版社2011年版。

82. 王鹤鸣、王澄：《中国家谱史图志》，安徽科学技术出版社2012年版。

83. 伍氏宗亲会：《岭南伍氏合族总谱》，光绪十七年刊本。

84. 王世贞：《弇州山人四部稿·荣泉李氏族谱序》，万历五年刻本。

85. 王文锦：《礼记译解》（下卷），中华书局2001年版。

86. 《现代汉语小词典》，商务印书馆1980年版。

87. 刑福义：《文化语言学》，湖北教育出版社2000年版。

88. 徐耿华、陕西省散曲学会编：《当代散曲百家选》，三秦出版社2015年版。

89. 郄建业：《武强年画的艺术风格及历史文化研究》，河北大学出版社2007年版。

90. 西藏社会历史调查资料丛刊编辑组：《藏族社会历史调查》，西藏人民出版社1987年版。

91. 叶大兵：《俗海泛舟》，中国文联出版社2000年版。

92. 岳菲：《伦理教化多禁忌》，河南大学出版社2005年版。

93. 月明日：《神秘消失的古国》，中原农民出版社2008年版。

94. 《喻氏世仁堂家谱序》（老谱序一）

95. 《喻氏世仁堂正宗全谱序》（老谱序三）

96. 叶圣陶：《倪焕之》，人民文学出版社1982年版。

97. 《余姚上塘王氏家谱》。

98. 叶涛：《泰山香社研究》，上海古籍出版社2009年版。

99. 俞天鹏：《礼记新编》，四川大学出版社2015年版。

100. 杨天宇：《礼记译注》（下），上海古籍出版社2004年版。

101. 叶孝信：《中国法制史》，北京大学出版社1989年版。

102. 杨茜彦、清风：《婚丧喜庆一本全》（下），中国华侨出版社2013年版。

103. 杨宗佑：《中华家谱学》，济南出版社2009年版。

104. 郑传寅、张健：《中国民俗辞典》，湖北辞书出版社1987年版。

105. 仲富兰：《中国民俗文化学导论》，浙江人民出版社1998年版。

106. 《中国大百科全书·法学卷》，中国大百科全书出版社1984年版。

107. 《中国风俗辞典》，上海辞书出版社1990年版。

108. 张耕华、李永沂：《吕思勉先生年谱长编》，上海古籍出版社2012年版。

109. 中国谱牒学研究会：《谱牒学研究》，书目文献出版社1989年版。

110. 周国平：《周国平哲理美义》，广东人民出版社1999年版。

111. 《中华竹枝词》，广西师范大学出版社1999年版。

112. 钟敬文：《民俗学概论》，上海文艺出版社1998年版。

113. 赵世瑜：《狂欢与日常——明清以来的庙会与民间社会》，三联书店2002年版。

114. 《章氏遗书》卷十四《为张吉甫司马撰大名县志序》

115. 张双棣等译注：《吕氏春秋》，中华书局2007年版。

116. 仲鑫：《慈善公益组织运行模式研究》，九州出版社2014年版。

117. 章学诚：《文史通义》，浙江古籍出版社2005年版。

118. 张学俭：《心泉吟》，敦煌文艺出版社2013年版。

119. 郑玄注、贾公彦疏：《周礼注疏》，上海古籍出版社1993年版。

120. 刘锡诚：《妙峰山·世纪之交的中国民俗流变》，中国城市出版社1996年版。

121. 朱一玄：《明清小说资料选编》（下），南开大学出版社2006年版。

122. 朱溢：《事邦国之神祇——唐至北宋吉礼变迁研究》，上海古籍出版社2014年版。

三、期刊论文

1. 曹仕邦：《从宗教文化背景论寺院经济及僧尼私有财产在华发展的原因》，《华冈佛学学报》1985 年第 8 期。

2. 曹文彪：《现代社会的教化：难题与出路》，《当代社科视野》2008 年第 7 期。

3. 仓修良：《试论谱牒学的发展及其文献价值》，《文献》2004 年第 6 期。

4. 党红星：《试论中国家训文化的特点》，《东岳论丛》2006 年第 1 期。

5. 董家魁：《徽州家谱研究的回眸与前瞻》，《图书馆理论与实践》2013 第 6 期。

6. 丁祖豪、陈光国：《论不确定性》，《齐鲁学刊》2004 年第 1 期。

7. 关传友：《皖西地区庙会的文化考察》，《皖西学院学报》2011 年第 2 期。

8. 顾希佳：《传统庙会的当代意义：以浙江为例》，《浙江学刊》2010 年第 6 期。

9. 高有鹏：《中国庙会文化》，上海文艺出版社 1999 年版，第 243 页。

10. 黄明涛：《同性婚姻判决的宪法学分析：解读欧伯格菲案的多数意见》，《中国法律评论》2015 年第 4 期。

11. 何小青：《乡村民俗文化的嬗变与价值构建》，《云南行政学院学报》2016 年第 4 期。

12. 吉发涵：《庙会的由来及其发展演变》，《民俗研究》1994 年第 1 期。

13. 吉国秀：《婚姻习俗研究的路径评述与启示》，《社会学研究》2006 年第 2 期。

14. 加俊、葛深佳：《后土祠传统庙会的原始性与功能分析——对山西万荣县荣河镇后土祠庙会的民俗考察》，《运城学院学报》2007 年第 2 期。

15. 金眉：《论我国事实婚姻制度之完善》，《南京社会科学》2017 年第 10 期。

16. 姜又春：《民俗传承论》，《青海民族研究》2012 年第 3 期。

17. 焦艳婷：《从家谱发展史看家谱档案属性的演变》，《图书馆工作与研究》2005 年第 2 期。

18. 坚赞才旦、许韶明：《论青藏高原和南亚一妻多夫制的起源》，《中山大学学报（社会科学版）》2006 年第 1 期。

19. 孔璋：《官民不婚与封建吏治》，《山东法学》1988 年第 3 期。

20. 盛禹久：《还是童叟无欺》，《书屋》1996 年第 1 期。

21. 彭牧：《祖先有灵：香火、陪席与灵验》，《世界宗教文化》2012年第4期。

22. 梁方：《城镇庙会及其嬗变——以武汉地区庙会为个案分析》，《湖北大学学报（哲学社会科学版）》2003年第3期。

23. 刘东升：《传统家训在传统价值观培育和践行中的作用》，《辽宁大学学报（哲学社会科学版）》2014年第9期。

24. 李果红、袁靖：《现代汉语人际称谓的模因现象》，浙江工业大学学报（社会科学版）2006年第12期。

25. 李海、张艳萍：《生活方式多元化对高校德育的挑战及对策》，《中国特色社会主义研究》2011年第4期。

26. 李洁：《"人"的再生产——清末民初诞生礼俗的仪式结构与社会意涵》，《社会学研究》2018年第5期。

27. 李露露：《清代黎族风俗的画卷—〈琼州海黎图〉》，《东南文化》2001年第4期。

28. 刘目斌：《试论制度化宗教与民间信仰的互融共生性特征——以鲁西南两村祭祀类民间信仰事象为个案》，《中南民族大学学报（人文社会科学版）》2008年第3期。

29. 刘奇葆：《坚守民间文艺就是守护我们的精神家园》，《民间文艺动态》2016年第1期。

30. 李向振：《当代民俗学学科危机的本质是什么？——兼谈实践民俗的知识生产问题》，《民俗研究》2020年第6期。

31. 刘晓：《当代庙会转型与非物质文化遗产保护——以泰山东岳庙会为例》，《青海社会科学》2013年第1期。

32. 陆益龙：《从乡村集市变迁透视农村市场发展——以河北定州庙会为例》，《江海学刊》2012年第3期。

33. 刘岩、孙长智：《风险概念的历史考察与内涵解析》，《长春理工大学学报（社会科学版）》2007年第5期。

34. 李莺莺：《图书馆家谱文献的著录与保护》，《晋图学刊》2017年第1期。

35. 马惠娣：《人类文化思想史中的休闲——历史·文化·哲学的视角》，《自然辩证法研究》2003年第1期。

36. 马柯楠：《论中国古代婚姻中"门当户对"的社会学意义》，《法制与社会》2014年第6期。

37. 马戎：《试论藏族的"一妻多夫"》，《民族研究》2000年第6期。

38. ［美］西蒙·布朗纳（Simon J.Bronner），龙晓添译：《民俗和民间生活研究中的实践理论》，《民间文化论坛》2019年第4期。

39. 欧潮泉：《论藏族的一妻多夫》，《西藏研究》1985年第2期。

40. 田晓明：《孤独：中国城市秩序重构的心理拐点》，《学习与探索》2011第2期。

41. 吴从众：《民主改革前西藏藏族的婚姻与家庭——兼论农奴制度下存在群婚残余的原因》，《民族研究》1981年第4期。

42. 王鹤鸣：《从家谱看炎黄子孙的寻根情结》，《图书馆杂志》2007年第2期。

43. 王浩：《国内外庙会文化研究学术史述评》，《民族文化研究》2019年第1期。

44. 王露璐：《从"熟人社会"到"熟人社区"——乡村公共道德平台的式微与重建》，《湖北大学学报（哲学社会科学版）》2020年第11期。

45. 伍麟：《风险概念的哲学理路》，《哲学动态》2011年第7期。

46. 武新立：《中国的家谱及其学术价值》，《历史研究》1988年第12期。

47. 吴羽、姚燕：《"国"与"家"的联接——贵州屯堡人的家谱编撰与身份建构》，《西南民族大学学报（人文社科版）》2009年第9期。

48. 徐飞：《不确定性视阈下的战略管理》，《上海交通大学学报（哲学社会科学版）》，2008年第5期。

49. 星全成：《民主改革前藏族婚姻制度》，《青海民族研究》1997年第1期。

50. 许韶明：《多维度与重节点——喜马拉雅山麓及青藏高原腹地一妻多夫制婚姻形态的人类学阐释》，《青藏高原论坛》2019年第1期。

51. 小田：《"庙会"界说》，《史学月刊》2000年第3期。

52. 严昌洪：《民国时期丧葬礼俗的改革与演变》，《近代史研究》1998年第5期。

53. 叶长青：《编修家谱的历史渊源和现实作用》，《中国地方志》2015年第9期。

54. 袁瑾：《传统庙会与乡村公共文化空间的建构——以绍兴舜王庙会为个案的讨论》，

《遗产与保护研究》2016 年第 3 期。

55. 岳永逸：《朝山：庙会的聚与散》，《原生态民族文化学刊》2017 年第 2 期。

56. 袁祖社：《现代公民之理性生存品质与高尚德性人格的养成——"信用价值观"建设的理论定位与实践追求》，《唐都学刊》2004 年第 5 期。

57. 张从军：《当代庙会文化建设刍议》，《中原文化研究》2014 年第 4 期。

58. 赵凡、赵德利：《关陇庙会礼仪论》，《民俗研究》2015 年第 4 期。

59. 张海超：《大理洱海地区白族葬礼研究——兼论"礼"的视角在人类学仪式分析中的应用》，《云南社会科学》2010 年第 1 期。

60. 郑琳：《当代家谱文化的时代特征》，《浙江档案》2012 年第 7 期。

61. 张健：《合法性内涵及政府合法性问题》，《理论与现代化》2008 年第 1 期。

62. 张廷银、石剑：《包蕴丰富又瑕瑜互见的家谱文献》，《图书与情报》2007 年第 1 期。

63. 张晓蓓：《论清代婚姻制度的民族性》，《西南民族学院学报（哲学社会科学版）》2000 年第 11 期。

64. 篡中明：《从宁安地区几部谱书看家谱的史料价值》，《档案与社会》2012 年第 3 期。

65. 周雪梅、韦庆旺：《超越恐惧：基于老年死亡态度的视角》，《南京师大学报（社会科学版）》2013 年第 2 期。

66. 张玉范：《北京大学图书馆藏方志、家谱概述》，《中国典籍与文化》1992 年第 3 期。

67. 郑岩：《葬礼与图像——以两汉北朝材料为中心》，《美术研究》2013 年第 11 期。

68. 张祝平、郑晓丽：《尴尬与选择：乡村传统庙会的现代性境遇———杭州地区两个乡村庙会当代变迁的考察》，《湖北民族学院学报》（哲学社会科学版），2014 年第 2 期。

四、报纸

1. 臧克家：《社戏》，《申报》1931 年 4 月 7 日。

五、学位论文

1. 郭继科：《中西方婚俗文化比较研究》，河南大学 2014 年硕士学位论文。

2. 王歌雅：《中国婚姻伦理嬗变研究》，黑龙江大学2006年博士学位论文。

3. 杨丹妮：《口传——仪式叙事中的民间历史记——以广西和里三王宫庙会为个案》，广西师范大学2006年硕士学位论文。

4. 张元：《民国时期陕北婚姻习俗变革研究》，延安大学2010年硕士学位论文。

六、网站

1. 中国非物质文化遗产网·中国非物质文化遗产数字博物馆：http://www.ihchina.cn/。

2. 中国民俗学网：https://www.chinesefolklore.org.cn/。

后记

民俗既非先天之物，亦非神灵所赐，其实为我辈众生困感于白驹过隙、白云苍狗的苦短多变人生，以率真、质朴，甚而神秘方式，满心谋划用以消弭紧张、安然闲暇的寻常生活安排。其间，"我"开启于落地呱呱的"小我"，离别于哽咽啜泣的"大我"。回首既往，生而有幸，终而无憾。"我"就是"咱们这里的人"，"与大伙一样，不是外人"。

本书凡八章，立足于"我"的寻常生活，以年龄时日的递长为经、"我"的生活角色变化为纬，从"我"寻常一生需经历的满月、婚仪、庙会、遗嘱、葬礼及家谱六个基本民俗安排契入，围绕其缘起背景、仪轨设计、教化意蕴及时代承继，进行了回头即岸式的审视。

著述其间，深感先人泽被后世、福荫子孙的生活智慧与良苦用心。每念于兹，无不辍笔仰息，慨而不已。凡我辈众生希冀留名史册、感召后人，固然可嘉，然湛然载之者少之甚少。是故，从先人民俗之教，安伦尽分，于寻常人家袅袅炊烟中趋善尽美求真，亦不失为成己化人、比肩圣贤的寻常之道。借此，生命血脉得以绵延，文化之魂得以传承，功莫大焉。

本书不足之处在于对民俗教化意蕴发生机制的内在逻辑剖析有待加强，除了教育学、心理学和民俗学之外，在应当意义上，凡与人性相关的所有学科，尤其是哲学、社会学、历史学以及宗教学等，都应该被纳入民俗的探讨当中。此外，典型事例的文字描述与图片直观展示，所构成的生动、立体、多维的民俗事项也是其后需要努力的方向。

成书之际，感谢未及谋面的陕西人民出版社朱媛美编辑和装帧设计、责任校对老师们的宝贵支持。感谢我的硕士研究生刘卫娜、苗硕、张显扬、胡小英、房芳、程田田、米晨、张满晴和张显婷同学们的材料搜集和对书稿的悉心校对。

承蒙陕西省社会科学基金项目"民俗的教育意蕴：发生机制与路径选择——以陕西关中西府民俗为例（2019Q017）"对本书的宝贵支持，一并感谢。

本书在撰写过程中参阅了大量的文献资料，在此表示诚挚谢意。因疏忽而未能及时与原作者联系，敬请见谅，并请及时与本人沟通，欢迎斧正。

图书在版编目（CIP）数据

生活世界视域下的民俗传承 / 胡少明著 . —西安：陕西人民出版社 , 2023.8

ISBN 978-7-224-14975-3

Ⅰ.①生… Ⅱ.①胡… Ⅲ.①民俗学—研究—中国 Ⅳ.① K892

中国国家版本馆 CIP 数据核字（2023）第 134607 号

责任编辑： 朱媛美
封面设计： 姚肖朋

生活世界视域下的民俗传承

SHENGHUO SHIJIE SHIYU XIA DE MINSU CHUANCHENG

作　者	胡少明
出版发行	陕西人民出版社
	（西安市北大街 147 号　邮编：710003）
印　刷	西安雁展印务有限公司
开　本	787 毫米 ×1092 毫米　1/16
印　张	12.75
字　数	200 千字
版　次	2023 年 10 月第 1 版
印　次	2023 年 10 月第 1 次印刷
书　号	ISBN 978-7-224-14975-3
定　价	68.00 元

如有印装质量问题，请与本社联系调换。电话：029-87205094